Introduction to
Artificial Intelligence

비전공자의
인공지능(AI) 입문

비전공자의
인공지능(AI) 입문

인 쇄 : 2022년 1월 14일 초판 1쇄
발 행 : 2022년 1월 21일 초판 1쇄

저 자 : 김정환 · 박노일
발행인 : 송 준
발행처 : 도서출판 홍릉
주 소 : 01093 서울시 강북구 인수봉로 50길 10
등 록 : 1976년 10월 21일 제5-66호

전 화 : 02-999-2274~5
팩 스 : 02-905-6729
e-mail : hongpub@hongpub.co.kr
http://www.hongpub.co.kr
ISBN : 979-11-5600-949-8(93000)

정 가 : 17,000원

Introduction to
Artificial Intelligence

비전공자의
인공지능(AI) 입문

김정환·박노일 지음

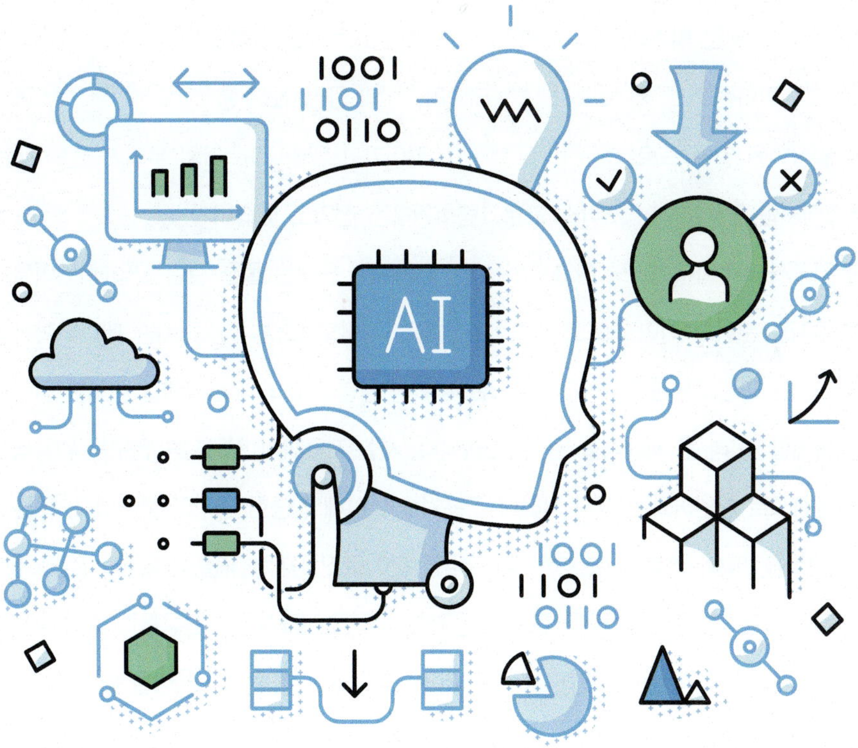

도서출판 홍릉

PREFACE

머리말

이 책은 인공지능 AI: Artificial Intelligence에 입문하려는 비전공자의 길안내서입니다. '비전공자의 AI 입문'에 걸맞게 비전공자인 박노일 교수가 인공지능 분야 전공자인 김정환 교수와 멘토 · 멘티의 관계를 맺고, 비전공자의 입문 관점에서 3개월간 집중해서 써 내려간 내용입니다. 왜 지금, 인공지능인가? 컴퓨터 프로그램 비전공자인데 나는 왜 인공지능을 공부해야 하느냐고 묻는 분도 있을 것입니다. 인공지능은 이미 우리 삶에 깊이 들어와 있습니다. 여러분의 스마트폰에 설치된 지능형 가상비서인 빅스비 Bixby, 시리 Siri, 채팅로봇 프로그램인 챗봇 chatter robot, KT의 기가지니 GiGA Genie, 아마존 Amazon의 알렉사 Alexa, 테슬라 Tesla의 완전자율주행 Full Self-Driving, FSD 등 인공지능은 일상화된 일반 프로그램 general program이 되어가고 있습니다. 마치 우리가 흔히 쓰는 엑셀 프로그램처럼 인공지능이 오피스 프로그램화된다는 전망도 있습니다.

요즘 인공지능이 화두이기도 하고, 너도나도 인공지능 연구는 물론 관련 사업에 뛰어들고 있어서 인공지능 분야가 이미 레드오션이라고 말하는 사람도 있습니다. 하지만 데이터과학의 힘은 공학 기술에 관한 지식뿐만 아니라 다양한 사회적 경험과 창의적 문제해결 능력을 겸비한 사람들이 함께할 때 더 큰 시너지를 낼 수 있습니다. 사실 지금까지 인공지능 연구는 컴퓨터 공학자들을 중심으로 자연어와 이미지 처리나 로봇기술 분야에 집중한 경향이 컸습니다. 물론 스마트팜, 저널리즘, 예술, 영화, 소설 창작 등 다양한 분야로 인공지능 기술이 확장하고 있지만, 아직도 수없이 많은 기회가 있습니다. 이제 인공지능은 특정 전공자들의 전유물이 아닙니다. 다양한 분야에서 활동하고 계신 여러분이 용기를 내어 인공지능을 공부하면 세상을 더 깊이 있고 체계적으로 이해하고 설명할 수 있을 것입니다.

본 저자들은 소프트웨어 개발자나 공학자는 물론 비전공자인 여러분들이 인공지능을 이해하고 구현할 수 있기를 희망하면서, 이 책의 잠재적인 독자를 다음과 같이 생각하고 이야기를 풀어나갔습니다. 먼저 컴퓨터공학 등 유관 전공을 하지 않은 인문사회과학 분야 대학생의 눈높이에 맞춰진 도서입니다. 특히 데이터나 AI 관련 대학원 진학을 목표로 했던 인문사회계열의 학부 졸업생들이 막상 대학원에 입학했을 때나 입학 직전에 기초적인 AI 관련 내용을 스스로 숙달하는데 유용한 교재입니다. 물론 이 책은 컴퓨터공학을 전공하는 대학생들도 인공지능에 대한 기초를 다질 수 있는 길잡이가 될 것입니다. 두 번째는 인공지능을 공부하고 싶지만, 엄두가 나지 않았던 비전공자이거나 인공지능을 체계적으로 이해하고 싶은 경영 실무 관리자를 대상으로 했습니다. 기업체에서 인공지능을 활용한 마케팅 전략이나 세일즈 관리업무를 담당하시는 분들이 현장에서 직접 코딩 작업을 하지 않더라도 인공지능에 대한 이해를 넘어 실제 인공지능 구현과정을 직간접으로 경험하고 적용할 수 있도록 준비했습니다. 마지막으로는 인공지능에 관심을 가진 이 시대의 모든 지식인도 참고할만한 지침서가 될 수 있도록 가볍지 않으나 어렵지 않게 균형을 맞추면서 이미 우리 삶에 다가온 인공지능의 핵심을 드러내고자 했습니다.

특히 이 책은 소위 '수포자(수학 포기자)'들도 '수도자(수학 도전자)'가 될 수 있도록 쉽게 접근하고자 노력하였습니다. 그야말로 인문사회계열의 전공자가 이제 막 기초통계와 파이선 프로그램 등을 공부하면서 처음으로 AI에 입문하는 안내서로 난이도를 유지하고 있습니다. 물론 선행대수, 미적분 등 수학적 개념을 모르면 AI를 체계적으로 이해하기 어려울 수 있습니다. 그러나 이 책은 인공지능을 공부하는 데에 꼭 알아야 할 통계적 기초만 짚어보되 수학지식의 어려움으로 중도에 포기하지 않도록 균형을 맞추고 있습니다. 전체적으로 학부 대학의 한 학기 과정의 내용을 책 한 권에 담으면서 반드시 알아야 하는 통계적 지식과 인공신경망에 대한 이해, 그리고 인공지능 프로그램 구현을 위한 간단한 코딩 작업까지 비전공자의 눈높이에 맞춰 녹아내고 있습니다. 비전공자 누구나 이 책을 처음부터 끝까지 따라 가보시면 인공지능이 생각보다 그렇게 어렵지 않다는 것을 알게 될 것이라고 확신합니다.

바야흐로 컴퓨터 프로그램 학습과 구현 기술이 빠르게 발전해서 비전공자라도 누구나 노력하면 간단한 프로그램 하나는 만들 수 있는 시대가 되었습니다. 앞으로 시간이 가면 갈수록 컴퓨터 프로그래밍 기술이나 코딩의 어려움은 빠른 속도로 줄어드는 반면에 우리 사회의 다양한 문제를 인공지능을 활용해서 창의적으로 해결할 수 있는 여러분이 더욱 필요한 시대가 될 것입니다. 다양한 영역에서 전문적인 지식과 경험을 소지한 여러분들이 상식적 수준 혹은 그 이상의 식견과 감각으로 인공지능 입문에 참여할 때 우리의 삶은 더욱 풍요로워질 것입니다. 또 당연히 여러분의 참여가 있어야만 양날의 검과 같은 인공지능 기술을 많은 사람이 더 크게 우리 사회에 이바지할 수 있도록 활용하고, 감시하고, 개선할 수 있을 것입니다. 그 시작점에 여러분을 초대합니다.

여러분 잘 오셨습니다.

감사합니다.

2022. 1. 10.

김정환 · 박노일

CONTENTS
차례

제3장 인공신경망

제4장 딥러닝

제 1 장

비전공자와 인공지능

1.1 인공지능이란

그림 1-1 인공지능 = 기계가 스스로 생각하고 판단하는 지적 능력

출처 https://steemkr.com/news/@ajaykumhar/a-good-listener-robot-would-be-a-good-speaker

'인공지능 AI: Artificial Intelligence'이라고 하면 떠오르는 이미지는 위 **그림 1-1**과 같을 것입니다. 인공지능은 기계가 인간처럼 생각하고 판단하는 지능을 지녔다는 말입니다. '로봇이 인간처럼 생각하고 판단한다는 것', 그렇다면 인간처럼 생각하고 판단하는 것은 무슨 의미일까요?

그림 1-2 인공지능의 치와와, 고양이 분류

출처 https://imgur.com/a/K4RWn

그림 1-2은 인공지능의 한계를 비꼬아서 말할 때 예로 많이 드는 사진입니다. 왼쪽 사진을 보면 어떤 것이 '치와와 Chihuahua' 강아지이고 어떤 것이 '머핀'인지를 여러분은 아마도 쉽게 구분할 수 있을 것입니다. 오른쪽 그림의 '고양이'와 '아이스크림'도 잘 구분할 수 있을 것입니다. 인간이 엇비슷한 물체를 쉽게 구별할 수 있는 것처럼 기계도 스스로 생각하고 판단해서 차이를 구별해 낼 수 있을 때 우리는 인공적인 artificial 지적 능력을 갖췄다고 할 수 있습니다.

인간이 가진 상식만으로도 위의 사진에서 개와 고양이를 구별해냈듯이 인공지능은 복잡하거나 헷갈릴 수 있는 상황에서도 어떤 대상을 구별하거나 어떠한 결과를 예측할 수 있다는 것입니다. 컴퓨터에게 아무런 사전정보를 주지 않았는데 이것이 머핀이고 저것이 치와와라고 정확하게 구분해낼 수 있는 지적인 능력이 인공지능의 대표적인 사례이지만, 안타깝게도 현재 인공지능의 기술로는 이런 유사한 이미지들을 정확하게 구별해내지는 못합니다. 하지만, 이미지 인식 경진대회 ImageNet Large Scale Visual Recognition Challenge / ILSVRC 에서 우승한 알고리즘의 정확도가 계속해서 높아진 것을 보면, 이미지 분류 분야에서는 컴퓨터가 인간과 유사한 능력을 갖추는 날이 머지않았다는 것을 예상할 수 있습니다.

이미지 인식 경진대회 ImageNet Large Scale Visual Recognition Challenge / ILSVRC는 이미지넷의 데이터베이스에 저장된 방대하고 난해한 이미지들을 누가 더 잘 분류해내는지를 경쟁하는 대회이며, 2010년부터 2017년까지 진행되었습니다. 매회 대회 우승 알고리즘의 분류 정확도의 오차율을 보면, 2010년에는 28%였지만, 2015년 ResNet Residual Neural Network이 발표된 이후 3% 이하의 오차율을 보여 사람의 능력인 5%와 유사한 능력을 갖춘 이미지 인식 알고리즘이 개발되고 있습니다.

원래 이미지넷 ImageNet은 스탠퍼드 대학교의 페이페이 리 Fei-Fei Li 교수와 프린스턴 대학교의 카이 리 Kai Li 교수가 '볼 수 있는 컴퓨터'를 만들기 위해 2007년에 시작한 프로젝트의 이름입니다. 컴퓨터가 임의의 이미지를 보고 그것이 무엇인지를 정확히 판별하기 위해서는 사전에 컴퓨터가 정확히 '분류된' 이미지를 가능한 한 많이 학습할 수 있어야 합니다. 이미지넷은 인터넷을 통해 얻은 사진 자료들을 정리하고 레이블 Label을 붙여 놓은 데이터베이스입니다. 총 1,500만 장의 이미지(2만2천 개의 범주) 데이터베이스인 이미지넷은 최신의 딥러닝 기술과 만나면서 이미지 인식 분야에 획기적인 발전을 가져오는 토대가 되었습니다.

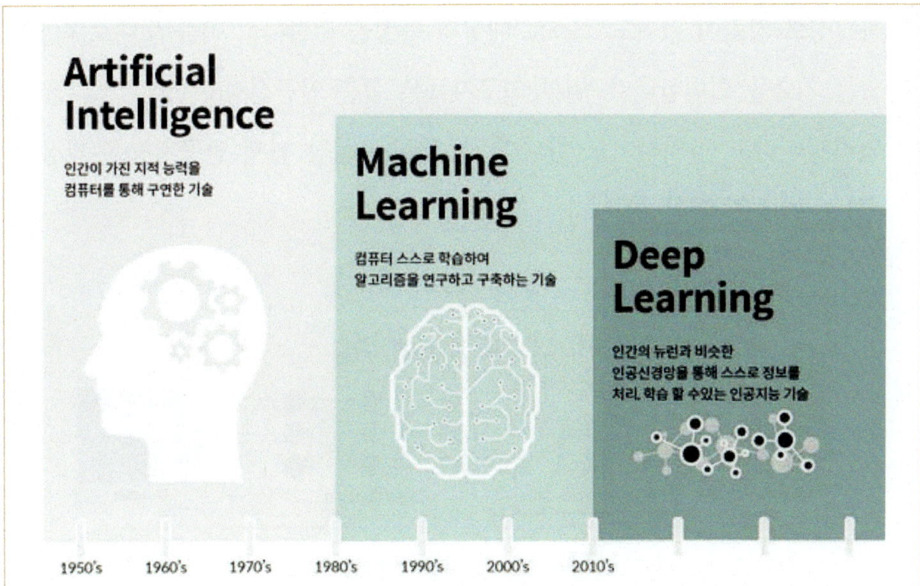

그림 1-3 인공지능과 머신러닝 및 딥러닝

출처 https:// https://steemit.com/mbl/@mbl/mbl-gpu

통상 인공지능 Artificial Intelligence은 말뜻 그대로 인간의 지능 intelligence을 인공적으로 구현하는 것입니다. 앞서 예를 든 치와와와 머핀을 구별하는 인간의 지적인 능력을 컴퓨터가 학습하여 가진다는 말인데, 인공지능은 머신러닝 기계학습, machine learning과 딥러닝 심층학습, deep learning을 포함하는 큰 개념입니다. 머신러닝 또는 기계학습은 인간이 전체적인 분석과 판단의 방향이나 틀을 잡아주면 컴퓨터가 수없이 많은 데이터 정보처리를 통해 스스로 학습하여 learning 최적의 모델(문제해결)을 만드는 기술을 말합니다. 예를 들어 인간이 $Y=aX+b$방정식 틀을 구성한 후, 기계가 스스로 학습을 통해 a와 b에 가장 적합한 해답을 찾도록 한다는 것입니다.

반면 딥러닝은 **그림 1-3**과 같이 머신러닝의 한 분야입니다. 머신러닝이 사전에 입력한 다양한 정보를 토대로 먼저 학습을 하고 그 결과를 토대로 새로운 것을 예측하는 반면, 딥러닝은 인간 뇌의 뉴런과 유사하게 인공신경망 Neural Network을 통해 사전정보 입력이 없어도 스스로 대상의 특성을 추출하고 이를 토대로 학습할 수 있는 기술을 의미합니다. 일부 연구자들은 심층 인공신경망 Deep Neural Network이 곧 딥러닝이라고 정의하기도 합니다. 어쨌든 사실상 현재 인공지능을 가장 잘 대표하는 기술은 딥러닝입니다.

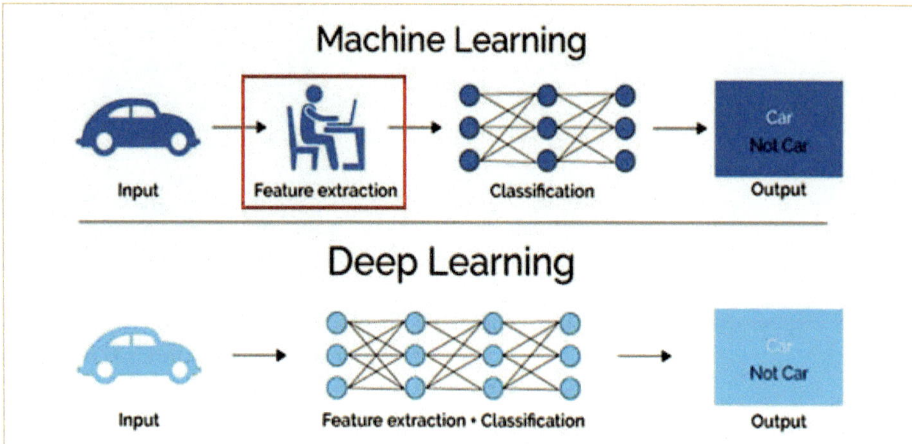

그림 1-4 머신러닝과 딥러닝의 차이

출처 https://www.ahmedbesbes.com/blog/introduction-to-cnns

그림 1-4를 보면서 머신러닝과 딥러닝의 차이를 구체적으로 살펴보겠습니다. 머신러닝의 학습은 그림 1-4의 붉은색 박스 표시처럼, 컴퓨터에 자동차 이미지를 입력 input할 때, 반드시 사람이 특성추출 feature extraction 작업을 사전에 입력해주어야 합니다. 예를 들면 자동차에 관해 바퀴와 유리창의 구조 등 특성(특성추출)을 인간이 입력해주면 컴퓨터는 인공신경망을 통해 분류작업 classification에 필요한 학습을 진행하여, 입력된 이미지가 자동차인지 아닌지를 최종적으로 판단합니다. 즉 머신러닝은 인간이 사전에 알려준 특별한 기준을 토대로 컴퓨터가 학습하도록 한다는 것입니다. 반면 딥러닝은 분류나 예측 등의 분석에 필요한 특성이 사전에 주어지지 않아도 됩니다. 즉 딥러닝은 특성추출과 관련한 인간의 사전작업이 없어도 인공신경망을 통해 스스로 학습하여 특성을 추출한다는 점에서 머신러닝과 다릅니다. 그래서 굳이 따지자면 특성추출과 같은 사전작업을 사람이 직접 하지 않아도 되는 특징이 기계학습과 딥러닝의 차이라고 할 수 있습니다.

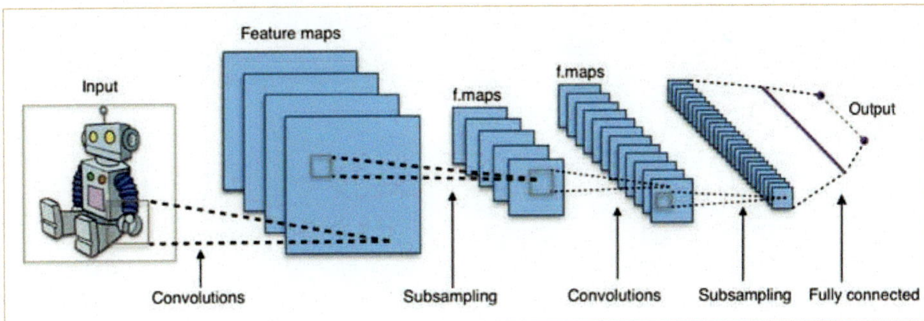

그림 1-5 CNN(Convolution Neural Network)을 딥러닝 흐름도

출처 Wikipedia

이렇게 특성추출 작업을 스스로 하는 딥러닝의 대표적인 방법에는 CNN 합성곱 신경망 Convolution Neural Network이 있습니다. 예를 들면 **그림 1-5**처럼 로봇 이미지를 입력하면 이를 잘게 쪼개서 작은 단위별로 특징을 살피고 다시 각 부분의 특징들을 하나로 종합해서 대상 이미지를 판별합니다. 이에 대해서는 뒷부분에서 자세히 살펴볼 것입니다. 여기서는 일단 머신러닝의 경우는 인간이 사전에 입력해주어야 할 어떤 특성에 대한 지정 작업이 필요하고, 딥러닝은 컴퓨터 자체의 필터링 과정 등을 통해 인간이 설정해 주어야 할 기준이나 특징을 스스로 만들어낸다는 정도만 간단히 이해하고 넘어가도록 하겠습니다.

1.2 비전공자의 인공지능 공부법

요즘 인터넷에 공개된 대부분의 인공지능 공부 방법들은 비전공자들이 당장 따라 하기가 어려운 경우가 많습니다. 대체로 컴퓨터 사이언스 전문가들은 인공지능을 공부하고 싶은 비전공자들에게 두 가지 역량이 필요하다고 강조합니다. 첫 번째는 컴퓨터 프로그래밍, 즉 흔히 말하는 코딩 능력입니다. 코딩은 컴퓨터 언어를 표현하는 수단이므로 익숙하게 잘 다룰수록 인공지능 학습에 도움이 됩니다. 하지만 최근에는 관련 기술이 발달하면서 언어 자체에 대한 중요도가 떨어지고 있습니다. 또한 코딩 능력은 비전공자가 책으로 공부해서 바로 습득하기보다는 반복적인 실습과 실전 응용이 중요하기 때문에 인공지능 공부를 새롭게 시작하는 단계에서 코딩 자체에 많은 시간을 투입하는 것은 비효율적이라고 할 수 있습니다. 두 번째는 수학적인 지식입니다. 인공지능 자체가 결국 수학적인 공식으로 구성되어 있다고 해도 과언이 아니기 때문입니다. 당연히 수학을 잘하면 인공지능을 학습하기가 더욱 쉬울 것입니다. 그런데, 단순히 이론적으로만 배운 수학 개념으로는 인공지능을 실제로 구현하고 적용하기에 어려움이 큽니다. 수학적 지식과 딥러닝 적용과정을 접목하는 과정이 필요한데 보통은 이런 부분을 누락하는 경우가 많습니다.

예를 들어 인공지능에서 경사하강법 gradient descent은 수학적으로 오류를 최소화하는 값을 찾는 과정에 적용되는 방법이지만, 흔히 알고 있는 미적분이나 선형대수 등 수학지식을 실제 인공지능분석에 반영하고 정확하게 구현하는 절차를 이해하는 데는 괴리감이 큽니다. 왜냐하면 인공지능을 통한 정보처리 과정은 단순한 2~3차 방정식이 아니라 4차원 이상의 다차원적인 미적분 수학식을 풀어야만

하기 때문입니다. 이러한 과정을 수학적으로 정확하게 이해하고 있는 사람은 실제 많지 않습니다. 비전공자가 인공지능을 시작하자마자 수학 방정식의 어려움에 함몰되어서 실질적인 딥러닝을 접하기도 전에 지치는 경우를 많이 봐왔습니다. 물론 수학적인 지식을 토대로 인공지능의 구현과정을 모두 이해할 수 있다면 금상첨화이겠지만, 당장 시작하는 단계에서 정작 알고 싶고 궁금했던 인공지능을 수학적인 지식의 장벽으로 경험하지 못하는 것은 안타까운 일입니다. 그래서 수학적인 지식이 다소 부족하더라도 앞으로 약 3개월 정도는 시간을 갖고 인공지능을 파고들기를 바랍니다. 뭐든지 3개월이라는 기간은 공부하는 사람들에게 의미 있는 시간입니다. 약 3개월이라는 시간을 두고 깊이 파고들면 누구나 어느 정도 인공지능에 대한 기본적인 지식과 적용 능력을 습득할 수 있을 것입니다.

특히 비전공자가 인공지능을 공부하는 데 있어서 컴퓨터 프로그래밍 분야의 패러다임 시프트 paradigm shift를 주목할 필요가 있습니다. 최근 10년 사이에 컴퓨터 프로그래밍 분야에 급격한 변화가 일어나고 있다고 해도 과언이 아닙니다. 과거에 수학 계산을 위해 많이 사용된 포트란 Fortran으로부터 'C++', 'C#'을 지나 '파이썬 Python'에 이르기까지의 발전과정을 보면, 정말로 요즘은 컴퓨터 프로그래밍 분야의 진입장벽이 낮아진 것을 느낄 수 있습니다. 많은 도전자가 십수 년 전에 C++을 공부하겠다고 무작정 책을 보고 따라 하다가 포인터 pointer의 벽을 넘지 못하고 중도에 포기한 것을 생각하면, 파이썬이나 루비 Ruby와 같은 최근의 인기 언어들은 비전공자들이 인터넷 강의를 통해 배우기에도 크게 무리가 없을 정도로 쉽다고 할 수 있습니다. 또한, 구글 google과 같은 인터넷 검색을 통해서 비전공자는 물론 컴퓨터 공학자들도 다양하고 심층적인 코딩지식을 쉽게 공유할 수 있습니다. 코딩 프레임워크 framework 또한 빠르게 진화를 거듭하여 복잡한 인공신경망 프로그램 수식을 아주 간단한 코딩방식으로 구현할 수 있는 시대가 되었습니다.

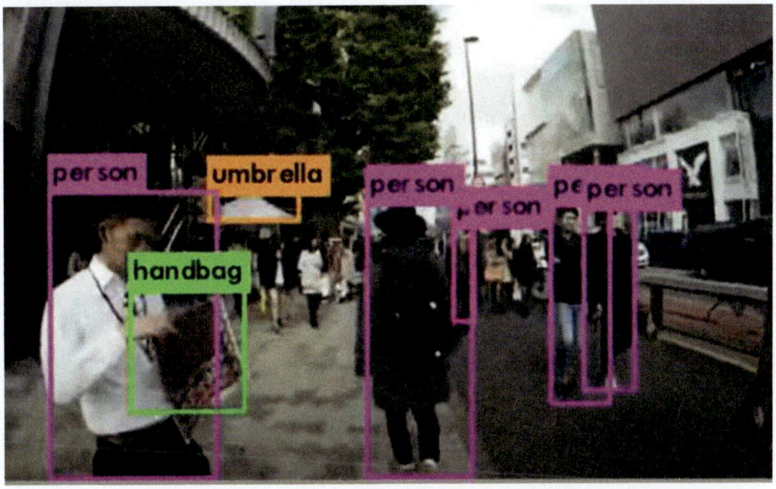

그림 1-6 YOLO(You only look once) 프로그램 구동 화면

출처 https://www.youtube.com/watch?v=uG2UOasIx2I

이제 누구나 대용량의 공개 소스[open sources]를 활용할 수도 있어 비전공자도 쉽게 인공지능을 공부할 수 있습니다. 예를 들면 그림 1-6과 같이 YOLO[You only look once] 프로그램은 흔히 딥러닝에서 많이 쓰는 실시간 객체 탐색[real-time object detection system]용 소스를 공개하고 있습니다. 이렇게 공개된 소스를 잘만 활용하면 비전공자들도 인공지능을 토대로 각자의 전문 영역을 더욱 심층적으로 살필 수 있을 것입니다. 엄청난 컴퓨터 프로그래밍 지식이 없더라도 비전공자가 인공지능을 활용할 가능성은 점점 더 커지고 있습니다. 이 말은 컴퓨터 프로그래밍과 수학적 지식의 장벽을 그 어느 때보다 쉽게 넘을 수 있고, 컴퓨터공학 전공자가 아니더라도 각계각층에서 경험한 다양하고 풍부한 전문지식을 얼마만큼 창의적으로 인공지능과 융합할 수 있는지가 더욱 중요해질 것입니다.

비전공자가 인공지능을 공부하는 본질적인 방법은 '이론' 학습과 실제적인 '응용'입니다. 수학적인 지식을 완벽하게 마스터하면 처음 시작부터 인공지능 공부의 성취감을 확인할 수 있겠지만, 자칫 수학적인 검증과 이해에 함몰되면 큰 그림을 그리지 못하는 한계가 있습니다. 예를 들어 앞서 이야기한 '경사하강법'은 중요한 개념이지만 딥러닝 적용과정에서는 경사하강법 코드를 건드릴 일은 거의 없습니다. 과거 수학 문제를 풀 듯이 공부했던 경사하강법 계산식은 이제 인공지능을 실제로 구현하는 데 있어서 방정식의 답을 여러분이 직접 찾아내거나 관련한 프로그램 코딩을 짜는 일이 거의 없기 때문입니다. 따라서 수학적인 어려움에 두려워하기보다는 일단 시작하는 것이 중요합니다. 인공지능을 공부하면서 수학적인 부분이 궁금하면 그때그때 하나씩 살펴보면 됩니다.

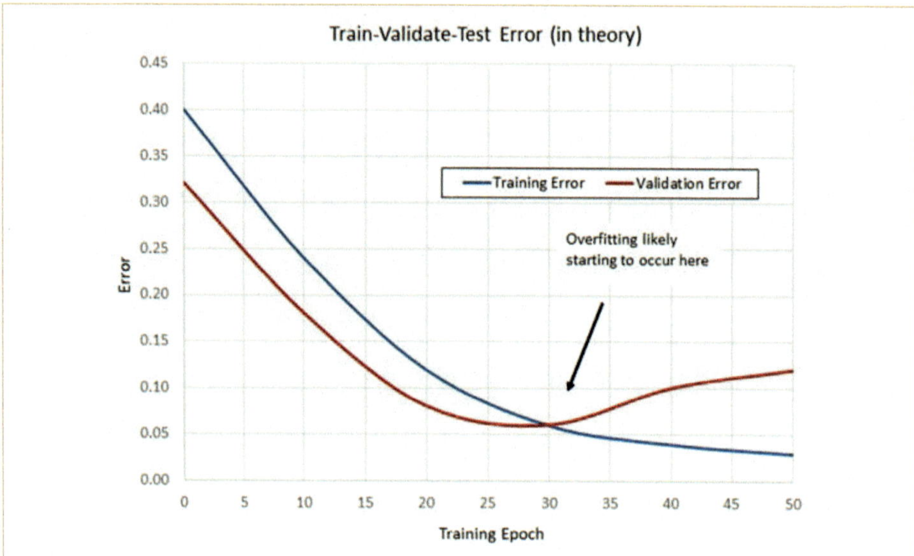

그림 1-7 훈련-유효성 오차와 과적합(overfitting)

출처 https://jamesmccaffrey.wordpress.com/2018/06/28/neural-network-train-validate-test/

통상적으로 일을 진행하는 데 있어서 전체적인 그림을 볼 줄 아는 능력이 얼마나 중요한지 **그림 1-7**과 같이 예를 들어 설명해 보겠습니다. 과적합 overfitting에 대한 개념적인 이해가 없는 상태에서 기계적으로 인공지능모델을 구성하고 학습을 시키면 훈련모형의 오차 training error와 유효성 오차 validation error의 차이가 어느 시점에서 교차하여 다시 간격이 커지는 변화의 흐름을 파악하기 어렵습니다. 이러한 맥락을 고려하지 않고 관행적인 방법으로 학습모형을 추출하면 타당성이 낮은 결과를 도출할 수밖에 없습니다. 단순한 수학적인 지식을 넘어서 어떤 경우에 인공지능 모형의 학습을 조기 중단 early stopping하는지를 아는 큰 그림에 대한 이해가 필요하다는 말입니다.

특히 우려되는 부분은 수많은 비전공자가 선형대수를 공부하다가 포기하는 경우가 많다는 것입니다. 선형대수는 컴퓨터가 제일 잘합니다. 꼭 필요한 부분만 공부하고 넘어가도 AI입문에는 크게 문제가 되지 않습니다. 또 그렇게 꼭 필요한 부분은 이 책에서 담아내고 있으니 포기하지 않고 3개월 동안 인공지능 입문에 승부를 건다는 생각으로 AI에 대한 체계적인 개념적 이해와 더불어 실제 사례를 구현하는 데에 더 집중해서 공부해 보기를 권합니다.

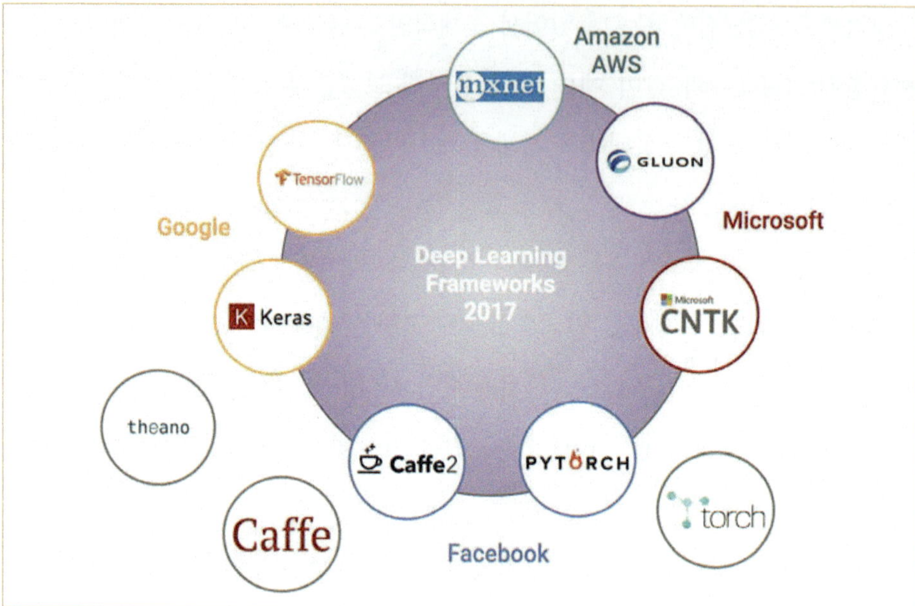

그림 1-8 딥러닝 프레임워크

출처 https://towardsdatascience.com/battle-of-the-deep-learning-frameworks-part-i-cff0e3841750

딥러닝을 쉽게 구현하는 방법은 **그림 1-8**과 같이 TensorFlow나 Keras 등의 프레임워크를 사용하는 것입니다. 이 책에서도 TensorFlow 등을 활용한 구현 실습을 설명할 예정입니다. 이외에 비전공자가 인공지능 프로그래밍을 좀 더 체계적으로 학습을 할 수 있는 유용한 사이트는 codecademy, stackoverflow 등이 있습니다. codecademy는 단순하게 따라 하다 보면 코딩 실력을 높일 수 있고, stackoverflow는 우리나라의 네이버 지식인과 유사한 사이트로 딥러닝과 인공지능 프로그램을 공부하면서 궁금한 것이 있으면 거의 실시간적으로 질문하고 답을 구할 수 있는 사이트입니다. 전 세계의 내공 있는 지식인들의 집단 지성을 활용할 수 있는 사이트인 stackoverflow 등을 잘만 이용하면 여러분들도 전문가로 거듭날 수 있습니다.

제 2 장

통계적 기초

자. 그럼 이제부터 시작입니다. 그런데요. 인공지능을 공부한다고 하면서 왜 갑자기 통계가 나오냐고 할지도 모르겠습니다. 흔히 인공지능이라고 하면 컴퓨터나 프로그래밍 언어를 먼저 배워야 할 것 같은데 말입니다. 하지만, 통계의 목적을 제대로 이해하고 있다면 결국 인공지능의 활용 목적도 같다는 것을 알 수 있습니다. 고등학교 때 시험을 잘 보기 위해 계산 위주로 통계를 공부한 사람들이 있다면 아마도 통계분석의 목적에 대해서는 별로 생각해 본 적이 없을 것입니다. 원래 통계란 역사적으로 고대 시대에 인구조사를 목적으로 처음 시작되었다고 합니다. 한 나라의 인구분포를 정확히 파악하고 있어야 전쟁이 일어났을 때 병사를 쉽게 모을 수 있고, 세금도 잘 걷을 수 있기 때문입니다.

그렇다면 그 옛날에 인구조사를 어떻게 했을까요? 처음에는 아마도 누군가가 한 명씩 다 세면서 했을 것 같습니다. 나중에는 지역별로 나누어 숫자를 세고, 합했을 것이고, 점차 인구가 늘어나면서 모든 지역의 사람 숫자를 정확히 계산하는 것이 불가능하고 또 그런 작업이 크게 의미가 없다는 것을 깨닫고, 각 지역을 대표할 수 있는 어느 정도 적당한 숫자를 찾았을 것입니다. 이 적당한 숫자를 지금의 '평균'이라고 생각하면 됩니다. 고대의 통계학자들은 어떻게든 지역별 평균을 이용해서 국가 전체의 인구분포를 파악하려고 했을 것입니다. 전체 인구수를 매번 다 세는 것은 거의 불가능하고 비효율적이기 때문입니다. 이렇듯 통계의 목적은 '부분을 이용해서 전체를 예측하는 것'입니다. 이것의 기준이 시간이면 '과거를 이용해서 미래를 예측하는 것'입니다. 이것을 인공지능 또는 데이터분석의 용어로 대입하여 이야기하면 '부분 또는 과거의 데이터를 학습해서 전체나 미래를 예측하는 것'이라고 할 수 있습니다. 결국, 이 둘의 목적은 같습니다. 그렇기에 통계적 지식은 인공지능을 이해하는 디딤돌과 같이 중요합니다.

2.1 통계적 추론

통계에서 기본적으로 알아야 할 사항들을 학습하고 넘어가고자 합니다. 통계 용어만 제대로 이해하고 있으면 인공지능을 학습하는 데 큰 도움이 되기 때문입니다. 먼저 통계에서 반드시 알아야 할 몇가지 기본적인 개념들을 살펴보겠습니다.

가장 기본적으로 알아야 하는 통계적 기초 개념인 평균, 분산, 표준편차에 대해 예를 들어 설명해 보겠습니다. 우리나라 대통령에 대한 전체 국민의 지지율을 조사한다고 하면, 총인구 약 5천만 명 모두를 조사하기는 현실적으로 어려울 것입니다. 그러나 '랜덤 무작위, random'으로 '충분한 숫자(!')'가 채워질 때까지 조사하여, 일정한 기준을 만족하면 전체를 대표한다고 가정할 수 있을 것입니다. 이렇게 부분을 통해 전체를 예측하는 것을 통계적인 추론 statistical inference이라고 합니다. 여기서 중요한 것은 '무작위'와 '충분한 숫자'입니다.

통계적인 추론의 핵심은 '일부로부터 전체를 파악'하는 데 있습니다. 우리가 궁극적으로 관심을 두는 대상은 '전체'인 것입니다. 통계적으로 이를 '모집단 population' 이라고 하고 대문자 'N'으로 표기합니다. 직접적으로 전체의 특성을 알 수 없기에 '일부로부터의 정보'가 중요합니다. 통계적으로 전체 중 일부를 '표본 sample'이라고 하고, 소문자 'n'으로 표기합니다. 표본으로부터 전체를 파악할 수 있는 정보인 '통계량'에는 평균($\bar{x}$)과 표준편차(s)가 있습니다. 이러한 통계량으로부터 전체를 추론하는 값을 모수 parameter라고 합니다. 모수 또한 마찬가지로 (모)평균 (μ: 뮤)과 (모)표준편차(σ: 시그마)이 있습니다. 결국은 모수(평균과 표준편차)를 추정하는 것이 통계분석의 핵심이라고 할 수 있습니다.

평균과 표준편차를 대학생의 키 height를 예로 들어 살펴보겠습니다. 대학생 100명 중에서 키가 170인 학생은 1명이라고 하면 전체 모집단에서 해당 빈도(학생 수)를 나누면 키가 170인 학생의 확률은 1%(1/100명)입니다. 이렇듯 **그림 2-1**의 왼쪽은 학생 100명의 키 크기별로 학생 수(빈도) 분포를 나타낸 것이고, 오른쪽은 빈도가 아니라 확률의 분포로 도식화한 것입니다. 키의 크기 단위별로 확률의 덩어리mass를 나타낸 함수를 확률질량함수 probability mass function이라고 하고, 각각의 키 단위별 확률들의 합은 '1'입니다.

키(cm)	학생(명)
170	1
171	2
...	...
180	30
..	..
190	1

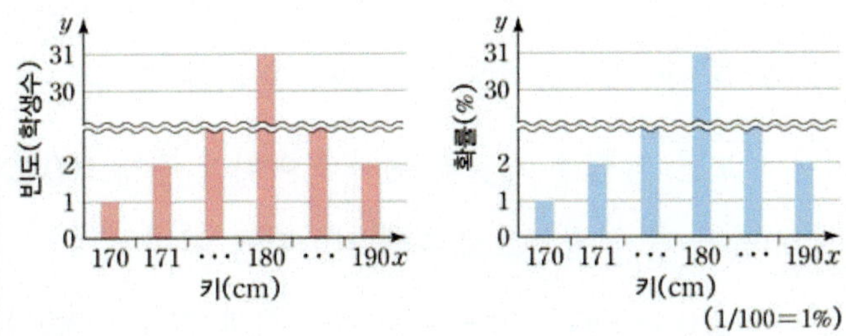

그림 2-1 빈도분포와 확률분포

이처럼 확률변수(x)가 키 크기 단위처럼 분절적일 경우의 분포를 이산확률분포 discrete probability distribution이라고 합니다. 또 주어진 변수(x)가 연속적일 확률 분포를 나타내는 경우는 확률밀도함수 probability density function이라고 합니다. 일단 여기서는 이해를 돕기 위해 이산확률분포를 들어 설명하였으나, AI 관련 수학적인 수식은 대부분 연속적인 확률변수(x)를 사용하므로 앞으로 이 책에서도 확률밀도함수를 주로 사용할 것입니다.

키(cm)	변수
170	x_1
171	x_2
172	x_3
....	....
190	x_{100}

(x_2 ~ x_{100}: x_i)

$$\text{전체 편차의 평균} = \frac{\sum_{i=1}^{N}(x_i - \mu)}{N}$$

그림 2-2 전체 편차의 평균

이해를 돕기 위해 대학생 100명의 평균과 표준편차를 개념적으로 살핀 수식은 **그림 2-2**와 같습니다. 먼저 어떠한 변숫값(x_i)이 평균(μ)에서 얼마나 떨어져 있는지를 알려주는 정보를 편차 deviation라고 합니다. 즉 편차는 x_i-μ입니다. 앞선 예를 이어서 보면, 대학생 개별의 편차가 아니라 전체 100명의 편차를 알고 싶으면 1~100명의 키가 평균으로부터 얼마만큼 차이를 보이는지를 모두 합한 편차(x_i-μ)를 100(모집단 N)으로 나누면 전체 편차의 평균을 알 수 있습니다.

그런데 만약 대학생들의 키가 평균(μ)를 중심으로 종 모양의 정규분포를 나타낸다면 아래 **그림 2-3**처럼 Ⓐ와 Ⓑ영역의 좌우 편차값(-, +)을 더하면 '0'이 되어 버리겠지요. 우리가 관심을 두는 것은 평균으로부터 x_i가 어느 정도의 편차를 나타내고 있는지 알고 싶은 것인데, 정규분포의 대칭성으로 인해 결국 편차의 평균이 0이 되기에 의미가 없어집니다. 따라서 편차 자체가 아닌 편차의 제곱을 평균하여 차이를 확인합니다. 우리는 이를 분산 variance이라고 부릅니다.

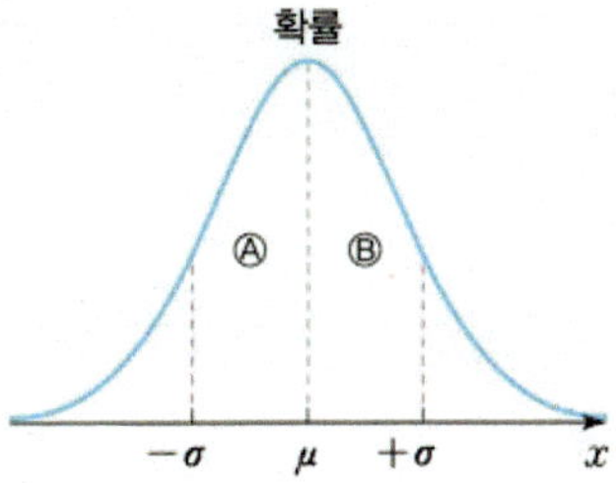

분산

(편차의 제곱에 대한 평균)

$$\sigma^2 = \frac{\sum_{i=1}^{N}(x_i-\mu)^2}{N}$$

그림 2-3 분산과 계산식

여기서 또 한 가지 문제가 발생합니다. 학생들의 평균 키를 측정하는 단위는 'cm'인데 편차(x_i-μ)에 제곱을 하면 면적 단위(cm^2)가 되어 실제로 그 크기를 가늠하기 어렵고, 학생과 키에 대한 확률분포 그래프에도 도식화를 할 수 없습니다. 이럴 때 분석의 단위를 맞출 수 있도록 분산에 루트($\sqrt{\ }$) 씌어 평균과 같은 척도로 만들면 원래의 단위에 맞도록 '표준화'를 할 수 있습니다($\sqrt{cm^2} \Rightarrow cm$). 제곱 형식인 '편차 제곱 합의 평균', 즉 분산을 애초 사용한 통계량과 같은 단위에 맞게 처리한 것을 표준편차 standard deviation 라고 하고 'σ' 시그마 라고 합니다.

$$\text{표준편차}(\sigma) = \sqrt{\frac{\sum_{i=1}^{N}(x_i-\mu)^2}{N}}$$

2.2 정규분포

통계에서 중요한 개념인 정규분포 normal distribution에 대해 짚고 넘어가고자 합니다. 가우스 분포 Gaussian distribution라고도 불리는 정규분포는 연속확률분포의 하나입니다. 세상에서 일어나는 많은 일의 확률을 좌표로 찍어보면 평균을 중심으로 대부분 뭉쳐 있습니다. 개별적인 확률변수(n)의 평균분포는 n이 적당히 커지면 중심극한정리 central limit theorem에 의해서 정규분포에 가까워지는 성질이 있기 때문입니다. 기본적으로 정규분포의 평균(μ)를 중심으로 종(鐘) 모양의 좌우 대칭(-∞, +∞)인 연속확률분포를 나타내며 전체 면적은 1입니다. 전체 확률이 1(즉 100%)이기 때문입니다. 정규분포의 평균과 표준편차[(μ, σ^2)]를 알면 정규분포의 형태를 알 수 있습니다. 확률밀도함수[$f(x)$]는 평균이 μ이며 표준편차가 σ인 자연수 'e(natural number, or Euler's number)'의 지수함수식의 형태로 아래 **그림 2-4**와 같이 나타낼 수 있습니다.

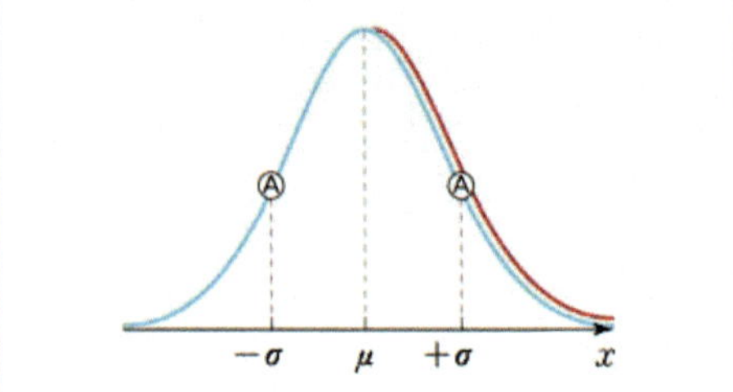

정규분포의 확률밀도함수식

$$f(\chi|\mu, \sigma^2) = \frac{1}{\sqrt{2\pi\sigma^2}} e^{-\frac{(x-\mu)^2}{2\sigma^2}}$$

그림 2-4 정규분포도 및 함수식

위 수식이 좀 복잡해 보이지요? 좀 쉽게 설명해 보겠습니다. 정규분포의 확률밀도함수식에서 'e'값을 극대화하기 위해서는 $e^{-\square}$에서 (−ㅁ)부분이 '0'이 되어야 합니다($e^{-()^0} \Rightarrow e^0 = 1$). 즉 함수식에서 x와 μ가 같으면 '$(x-\mu)^2$'는 '0'이 되므로 x가 평균 μ일 때 확률이 최댓값을 나타내는 함수식을 알 수 있습니다. 반면에 x가 무한대(±∞)로 커지는 값이라면 $e^{\pm(\infty)^2} = e^{\pm\infty}$ = '0'보다는 크지만 + 또는 – 방향으로 '0'에 가까운 값으로 수렴하게 됩니다. 이 과정에서 **그림 2-4**의 Ⓐ 지점과 같이 분포의 기울기가 '+'에서 '–'로 또는 역으로 '–'에서 '+'로 변하는 지점이 나타나는데, 우리는 이를 변곡점(±σ)이라고 부릅니다.

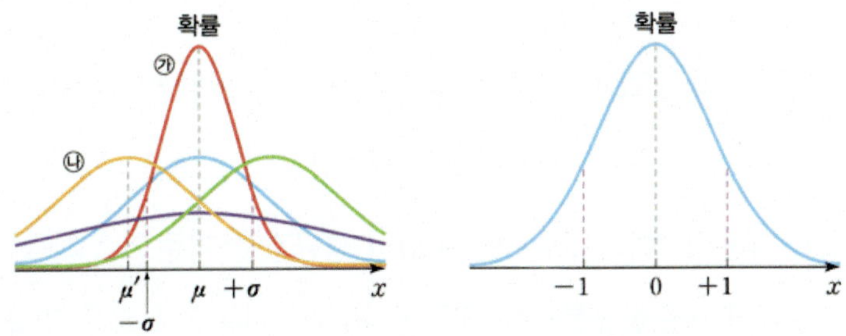

그림 2-5 정규분포와 표준정규분포

사실상 정규분포는 우리 삶에 무수히 많이 존재합니다. **그림 2-5**의 정규분포 ㉮와 다른 유형의 정규분포인 ㉯와 같은 분포들은 각기 다른 평균값과 표준편차를 갖고 있다는 말입니다. 이렇게 저마다의 현상들은 다양한 확률 정규분포를 갖고 있기에 특정한 지점에서 확률의 밀도(크기)를 계산하려면 매번 적분[integration]이라는 수학 계산식을 동원해야 하는 번거로움이 있습니다. 즉 각각의 정규분포의 평균과 표준편차가 상이하므로 모든 정규분포의 μ와 σ값에 대한 확률밀도 함수 $f(x)$를 수학적으로 계산하는 작업은 무척이나 어려운 일입니다.

이러한 문제를 해결하기 위해 모든 정규분포의 평균을 '0'으로 만들고 표준편차는 '1'이 되도록 표준화한 것을 표준정규분포[standard normal distribution]라고 합니다.

표준정규분포의 핵심은 이 세상에 존재하는 각기 다른 정규분포의 모양을 동일한 확률밀도함수 그래프로 만드는 데 있습니다. 특정 정규분포의 평균과 표준편차 $N(\mu, \sigma^2)$를 $N(0, 1^2)$로 치환시킨다는 의미입니다. 즉 특정 정규분포의 평균(μ)만큼 같게 이동(-μ)하면 평균은 '0'되고, 특정 정규분포의 표준편차(σ)만큼 σ로 나누면$(\sigma/\sigma)^2$ 결국 '1^2'만 남게 됩니다. 이를 계산식으로 나타내면 아래와 같습니다.

$$Z_i = \frac{\bar{x}_i - \mu}{\sigma}$$

여기서 표준정규분포 Z값의 의미는 표본평균의 표준편차인 표준오차(standard error =$(\bar{x}_i - \mu)$)가 표준편차(σ)와 비교해 얼마만큼의 비중을 차지하고 있는지를 나타내줍니다. 기존의 정규분포는 변수(x)의 평균값을 기준으로 확률밀도함수의 그래프를 그렸다면 표준정규분포는 표준편차(σ)를 기준으로 모든 정규분포의 그래프를 동일한 형태로 표준화한 것입니다. 다시 말해 각기 모양이 다양한 정규분포를 표준편차를 기준으로 표준화한 것입니다. 따라서 확률밀도함수의 적분 integration을 통한 확률의 밀도(크기)를 미리 계산해 놓은 표준정규분포표 standard normal distribution table의 Z값을 기준으로 확률밀도를 쉽게 구할 수 있습니다.

지금까지 통계적 추론의 의미와 통계 용어에 대해 학습하였습니다. 또 우리 삶의 다양한 현상을 설명할 수 있는 정규분포와 표준정규분포의 기본적 개념을 설명하였습니다. 인문사회학적 전공자들 시각에서는 다소 어려울 수도 있습니다. 일단 개념적인 이해 수준에서 통계적 추론이라는 것은 '무작위로 표집된 적절한 크기의 표본(부분)을 통해서 모집단(전체)를 추론하는 것'이며, 기본적인 용어로 평균, 표준편차, 분산의 개념을 원리 수준에서 이해하기 바랍니다. 또한 사건 사고

등 어떠한 현상이 발생할 확률은 많은 경우 정규분포의 형태를 띠고 있는데, 특정 현상이 발생할 확률(밀도/크기)을 쉽게 알기 위해서는 표준편차를 기준으로 표준화한 표준정규분포 값(Z-score)을 활용한다는 정도만 알고 넘어가기를 바랍니다. 추가로 필요한 수학적인 통계 개념에 대해서는 온라인(유튜브 등)에 공개된 자료를 토대로 여러분 스스로 충분히 공부할 수 있기 때문입니다.

2.3 선형회귀분석

어떠한 독립변수(x)와 종속변수(y)의 선형적 관계를 모형화하는 것을 선형회귀 Linear Regression라고 합니다. 예를 들어 청소년에게 폭력적인 영상 콘텐츠 노출이 증가하면 폭력성이 높아진다는 인과적 관계는 독립변수인 폭력 영상 콘텐츠 노출(x)과 청소년의 폭력성(y) 간의 원인과 결과를 선형적(linear)인 형태인 '$y = ax + b$' 공식으로 모형화할 수 있습니다. 여기서 'a'는 직선의 기울기이고, 'b'는 절편 bias이라고 하는데, 'a', 'b'는 알아내고자(추정) 하는 모델의 계수로서 모수 parameter라고 합니다. 이처럼 독립변수(x)가 1개라면 단순선형회귀 simple linear regression라고 하고 독립변수가 둘 이상이면 다중선형회귀 multiple linear regression라고 합니다. 단순 선형회귀 모형의 직선 방정식은 아래와 같이 **그림 2-6**으로 표현할 수 있습니다.

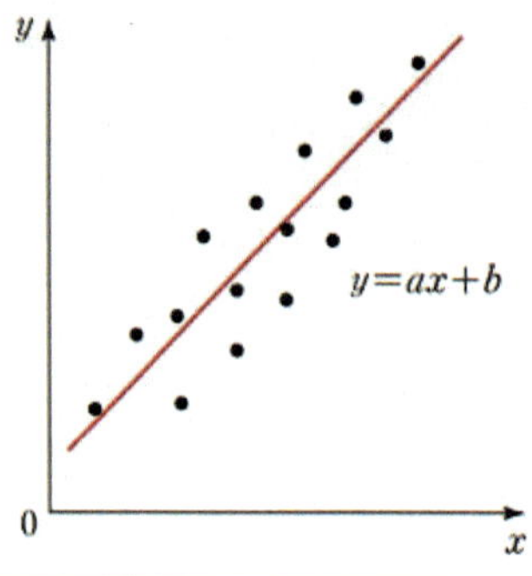

그림 2-6 단순선형회귀 방정식

선형회귀모형은 다음과 같은 주요한 가정을 충족해야 모델의 계수를 추정할 수 있습니다. 독립변수와 종속변수 데이터의 선형성 가정 linearity assumption, 잔차 residual

분산의 등분산성 homoscedasticity, 독립변수 간의 통계적 독립성 independence, 그리고 잔차들의 분포가 정규분포를 이루는 정규성 normality입니다. 먼저 선형성이란 각각의 x값에 대해 y의 평균값은 서로 선형적 관계를 맺어야 한다는 전제입니다. 전통적인 선형회귀분석의 가장 핵심적인 전제인 '선형성 linearity'은 비선형적인 변수 간에는 회귀분석을 할 수 없는 한계를 가집니다. 이는 차후에 설명할 인공신경망이 왜 강점을 갖는지를 설명하는 중요한 전제이므로 잘 기억해 주기 바랍니다. 두 번째 잔차의 등분산성은 각 x의 값에 대해 y의 값은 자신의 평균값을 중심으로 같은 분산을 갖는 확률분포를 이룬다는 것입니다. 즉, 앞서 예로 든 폭력적인 영상 콘텐츠 노출도(x)는 각 청소년의 폭력적 행동성 수준(y)의 선형회귀식 주변에 분산되어 흩어져있는데 이러한 분산의 정도가 같다는 것입니다. 독립성은 표본의 무작위성을 의미하는 것으로, 각각의 표본 값들 사이에는 선형적 관계가 없다고 가정합니다. 즉 개별 표본 값들은 0의 공분산을 가집니다.

전술한 바와 같이 선형회귀를 분석한다는 말은 '$y = ax + b$'의 회귀식에서 모수 parameter a와 b를 추정하는 것입니다. **그림 2-7**의 선형회귀모형에서 잔차들은 정규분포를 따르기 때문에 '$d_1 + d_2 + d_3$'의 합은 이론적으로 0이 됩니다. 즉 회귀분석을 한다는 의미는 잔차의 차이가 최소가 되는 회귀선을 찾는데 있습니다. 이럴 때 잔차의 평균이 0이며, 좌우 대칭인 형태로 나타나기 때문에, 잔차의 단순 합이 아니라 잔차의 제곱의 합이 최소가 되는 방식을 동원하여 모수를 추정합니다.

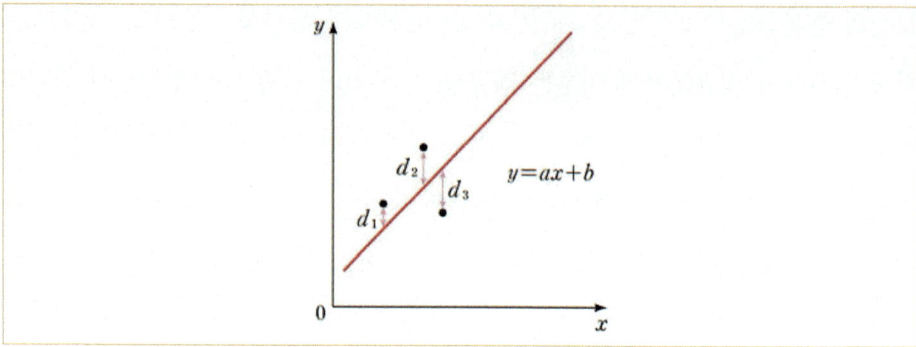

그림 2-7 단순 선형회귀분석을 위한 잔차분석

예측값과 실젯값의 차이를 최소화하는 선형회귀분석의 a와 b를 추정하기 위해서는 잔차의 제곱 합 방식을 중심으로 이뤄집니다. 구체적으로 d_1^2는 [실젯값 'y_1']에서 [예측값 '$E(y_1)$']의 차이에 제곱의 합입니다. 즉 $d_1^2 = [y_1 - E(y_1)]_{y1}^2$으로 표현할 수 있습니다. 이렇게 n개까지 잔차의 제곱 합이 최소가 되는 a와 b를 찾기 위해서는 ($E(y_i) = ax_i + b$)을 대입한 최소자승법 least square method을 활용하여 아래와 같은 비용함수 cost function 계산식으로 나타낼 수 있습니다.

$$\sum_{i}^{n}(d_i)^2 = \sum_{i}^{n}(y_i - E(y_i))^2 = \sum_{i}^{n}(y_i - (ax_i + b))^2$$

비용함수에서 최솟값을 구하기 위해서는 미분했을 때 기울기가 '0'이 되는 값을 찾으면 됩니다. 즉 x의 값이 매우 작아져 무한소 infinismal이 되었을 때 접선의 기울기가 0이 되는 지점에서 a와 b값을 구하면 됩니다. 먼저 잔차의 제곱합 공식을 'A'라고 하고 이를 b로 편미분 partial differentiation하여 '0'이 되는 b값을 구하는 계산 절차는 아래와 같습니다.

$$A = \sum_{i}^{n}(y_i - ax_i - b)^2\text{라고 하고, A를 b로 편미분하면}(\frac{\partial A}{\partial b}),$$

$$2\sum_{i}^{n}(y_i - ax_i - b) \times (-1) = 0$$

$$\sum_{i}^{n} y_i - a\sum_{i}^{n} x_i - nb = 0$$

$$b = \frac{1}{n}\sum_{i}^{n} y_i - \frac{1}{n}a\sum_{i}^{n} x_i$$

$$b = \overline{Y} - a\overline{X}$$

결국, 모수 b는 ($\overline{Y} - a\overline{X}$)으로 구할 수 있습니다. 이를 토대로 잔차의 제곱합 'A'를 a로 편미분($\frac{\partial A}{\partial a}$)하여 '0'이 되는 a값을 구하는 공식은 아래와 같습니다($\overline{Y}$: y데이터의 평균, $\overline{X}$: x 데이터의 평균).

$$A = \sum_{i}^{n}(y_i - ax_i - b)^2,\ b = \overline{Y} - a\overline{X}\text{인 상태에서 }A\text{를 }a\text{로 편미분하면}(\frac{\partial A}{\partial a}),$$

$$2\sum_{i}^{n}(y_i - ax_i - b) \times (-x_i) = 0$$

$$\sum_{i}^{n} x_i y_i - a\sum_{i}^{n} x_i^2 - b\sum_{i}^{n} x_i = 0$$

$$\sum_{i}^{n} x_i y_i - \overline{Y}\sum_{i}^{n} x_i = a(\sum_{i}^{n} x_i^2 - \overline{X}\sum_{i}^{n} x_i)$$

$$a = \frac{\sum_{i}^{n} x_i(y_i - \overline{Y})}{\sum_{i}^{n} x_i(x_i - \overline{X})} = \frac{\sum_{i}^{n}(y_i - \overline{Y})(x_i - \overline{X})}{\sum_{i}^{n}(x_i - \overline{X})^2}$$

$$a = \frac{(y_i - \overline{Y})}{(x_i - \overline{X})}$$

위와 같이 선형회귀모형 linear regression model에서 예측값과 실젯값의 차이를 계산식으로 살피는 방법이 바로 비용함수법이며, 비용함수의 값이 최소가 되는 회귀분석의 모수 a와 b를 추정하는 과정이 바로 인공지능의 학습과정을 나타내줍니다. 비용함수가 최소가 되는 모수를 추정하기 위해서 다양한 최적화 방법 중의 하나를 사용하게 되지만, 가장 기본적으로 경사하강법 gradient descent라는 방법을 사용하여 비용을 최소화하는 지점을 찾습니다. 경사하강법은 주어진 선형회귀모형에서 1차적으로 추정한 가중치(계수 'a') 값을 지속해서 업데이트함으로써 오차의 최솟값을 찾는 방법입니다. 이에 대한 자세한 내용은 다음 장부터 본격적으로 다룰 예정입니다.

2.4 전통적인 선형회귀분석의 한계

전통적인 선형회귀분석의 두 가지 한계에 대해서 짚고 넘어가고자 합니다. 대표적인 선형회귀분석의 한계는 현대의 복잡하고 다차원적인 변수를 모두 고려하기에 어려움이 있고 특히 비선형적인 관계의 데이터를 다루는 데 제한적입니다. 즉, 다차원성 multidimensionality과 비선형성 non-linearity 차원에서 한계를 가집니다. 만약 우리가 앞서 공부한 단순 선형회귀모형($y = ax + b$)에서 추정해야 할 a, b값 이외에 'c, d, e...'등 더 많은 차원의 변수가 늘어나면 인간이 상상할 수 없는 차원의 계산 영역으로 넘어갑니다. 간단히 말해 소위 차원의 저주 curse of dimensionality라고 불리는 다차원성 문제는 추정해야 하는 모수가 많아질수록 인간이 선형회귀분석 과정을 정확히 이해하기가 어려워질 뿐만 아니라 분석과정도 더 복잡해지는 데 있습니다. 다시 말해 '$y = ax + b$'와 같은 2차원 모형에서 3차원, 4차원을 넘어 무수히 많은 차원이 투입되는 회귀모형의 분석 수준으로 가면 통계분석이 어려워 질뿐만 아니라 인간이 상상하거나 모형을 도식화할 수 없는 단계로 넘어갑니다. 비록 이러한 문제를 해결하기 위해 다차원의 모형을 2차원이나 3차원으로 축약하는 차원축소 dimensional reduction법 등을 동원하고 있으나 여전히 한계를 가질 수밖에 없습니다.

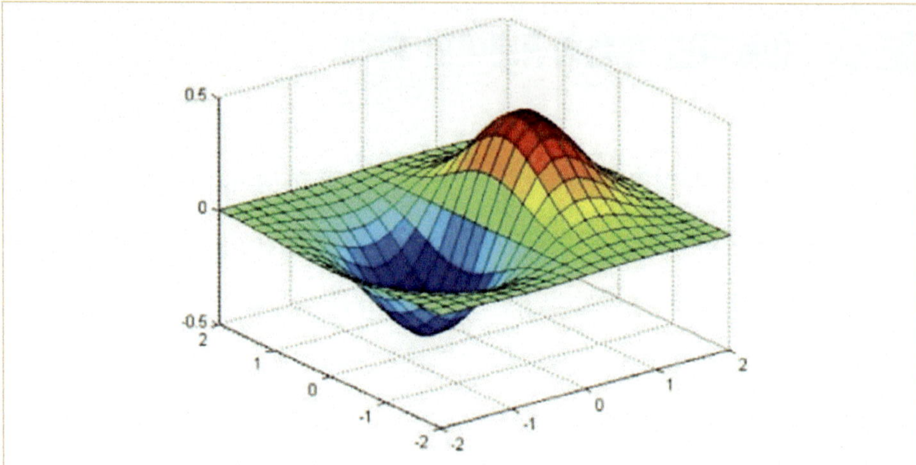

그림 2-8 4차원의 비선형 데이터의 시각화(예)

출처 https://www.youtube.com/watch?v=PYhTurDPPME

두 번째는 바로 회귀분석의 첫 번째 전제였던 선형성 linearity의 문제입니다. 선형회귀분석의 기본 전제가 선형성이지만 이 세상의 존재하는 현상의 관계는 비선형적인 특성을 갖는 경우가 많습니다. 예를 들어 x^2, x^3, x^4...., $\log x + b$, e^{xy} 등등 **그림 2-8**과 같이 다차원이면서 비선형적인 데이터에 대한 회귀계수를 추정하기란 쉽지 않습니다. 물론 전통적인 선형 회귀분석은 독립변수의 값과 비례관계가 아닌 경우에 활용할 수 있도록 비선형의 회귀분석 방법을 동원하여 차원을 축소하고 복잡도를 낮추는 작업을 진행해 왔지만, 여전히 한계를 가질 수밖에 없습니다. 이러한 전통적인 회귀분석의 한계를 넘어서는 인공신경망에 대한 자세한 내용은 다음 장에서 공부하기로 하겠습니다.

한편 이 책의 독자인 비전공자들은 지금까지 AI를 위한 통계적 기초 부분을 학습하면서 수학에 대한 어려움을 호소할 수도 있습니다. 어쩌면 지레 겁을 먹고 포기하려 할 수도 있겠습니다. 하지만 통계적인 분석과 절차는 일단 개념적으로 이해만 해도 좋습니다. 모르는 부분은 나중에 다시 살펴보고 또 다른 참고 문헌이나 인터넷 동영상을 찾아보면 너무나도 쉽게 좋은 자료를 찾을 수 있습니다. 그러니 절대 포기하지 말고 다음 장으로 넘어가기를 바랍니다. 그야말로 이 책의 하이라이트인 인공신경망을 시작으로 AI에 대해 본격적으로 파고 들어가 보겠습니다.

제 3 장

인공신경망

3.1 인공신경망 기본

인공신경망 Artificial Neural Network 분석의 기본적인 목적은 분류와 예측에 있습니다. 본 장에서는 앞서 공부한 선형회귀분석에 대한 흐름을 쫓아 인공신경망의 '예측'을 중심으로 인공지능을 개념적으로 이해해 보겠습니다. 우리는 전통적인 선형회귀분석이 다차원적이고 비선형적인 데이터를 분석하는 데 한계를 가진다고 했습니다. 반면에 인공신경망은 무수히 많은 다차원의 변수와 비선형적인 데이터를 처리할 수 있습니다. 한마디로 전통적인 선형회귀분석의 한계를 넘어서는 능력을 갖춘 분석법입니다. 왜 그런지 차례대로 살펴보겠습니다.

사람의 '몸무게'를 예측하기 위한 입력층과 출력층, 그리고 은닉층을 도식화한 **그림 3-1**을 예를 들어 살펴보겠습니다. 입력층에 '키', '허리둘레', '머리크기', '발크기' 등 다수의 값을 입력할 수 있으며, 이때 입력변수 값이 바로 종속변수인 '몸무게'를 예측하는 것이 아니라 입력변수에 상응하는 은닉층과 연결망을 설정하여 가중치를 산출함으로써 컴퓨터연산 절차에 따라 종속변수를 예측합니다. 이처럼 기본적인 인공신경망은 분석에 필요한 변수를 입출력해 주는 입력층 input layer과 출력층 output layer 사이에 은닉층 hidden layer을 반영하여 입력한 값에 가중치와 활성화함수 activation function를 통해 예측값을 출력해 주는 역할을 합니다(활성화함수는 뒤에서 자세히 설명하겠습니다).

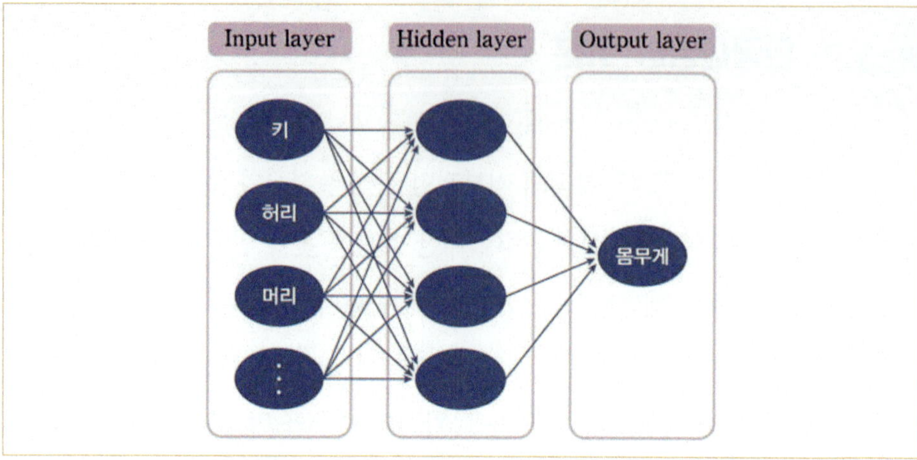

그림 3-1 인공신경망 개념의 다차원 변수입력과 몸무게 추정도

다수의 변수를 입력층에 나열한 **그림 3-1**의 '몸무게'를 추정하는 모형에서 알 수 있듯이, 한 사람의 몸무게(y)를 추정하기 위해 키(a)와 허리둘레(b) 정보 이외에도 신발 크기, 목둘레 등 수 많은 차원의 데이터를 연결하여 최종적인 몸무게를 추정하는 방법입니다. 인간의 의식으로 도식화할 수도 없고 또 전통적인 회귀분석으로는 난해했던 다차원의 변수들의 인과성 분석을 인공신경망에서는 단순히 입력층에 변수들을 병렬적으로 나열하고 이를 인위적인 은닉층과 연결망을 설정함으로써 결괏값을 도출(예측)할 수 있습니다. 인공신경망의 이러한 특성으로 인해 몸무게를 예측하는 간단한 사례뿐만 아니라 전통적인 선형회귀모형에서 불가능했던 숫자, 이미지, 음 등 광범위하고 다차원적인 데이터를 충분히 분석해 낼 수 있습니다. 특히 이미지의 경우는 빨강(Red: 255, 0, 0), 초록(Green: 0, 255, 0), 파랑(Blue: 0, 0, 255)의 조합인 RGB(255, 255, 255) 값을 통해 특정 이미지의 형상을 인공신경망 분석을 통해 예측할 수 있습니다.

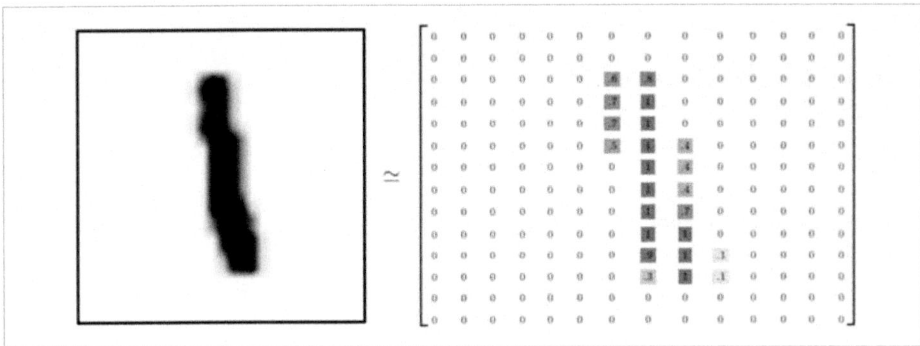

그림 3-2 흑백 이미지의 0과 1의 행렬 데이터 변환

출처 https://www.guru99.com/convnet-tensorflow-image-classification.html

그림 3-2의 간단 예와 같이 하나의 흑백 선을 일정한 값을 가진 다차원 행렬 matrix 로 구현하여 인공신경망에 투입함으로써 흑백 모양의 선을 추정하는 것입니다(시각 이미지를 분석하는 합성곱신경망 Convolutional Neural Network에 대해서는 뒤에서 자세히 다루겠습니다). 이렇듯 인공신경망은 전통적인 선형회귀 분석의 차원 축소 등을 동원할 필요가 없을 뿐만 아니라 인간의 시각적 분석에 의지할 필요도 없습니다. 인공신경망은 인위적으로 무수히 많은 입력변수를 은닉층에 다층적으로 연결하여 최적의 결괏값을 도출하기 때문에 광범위한 차원의 데이터를 분석할 수 있습니다. 이러한 분석은 전통적인 선형회귀분석에서 난제였던 다차원 및 비선형적인 특성을 가진 데이터를 분석할 수 있게 해줍니다. 처음에 비전공자들 관점에서 보면 이러한 인공신경망의 구현을 따라하기가 무척이나 어렵게 느낄 수 있습니다. 그러나 코딩프로그램인 파이썬 python에서 텐서플로 tensorflow나 넘파이 numpy 등을 호출하여 단 몇 줄의 코딩으로 인공신경망 분석을 진행할 수 있습니다. 다시 한번 말씀드리지만 두려워하지 말고 끝까지 도전해 보기 바랍니다.

이제부터는 인공신경망이 비선형성 문제를 어떻게 극복하는지를 알아보겠습니다. 앞서 공부한 단순 선형회귀분석 모형을 상기하면 **그림 3-3**과 같이 도식화할 수 있습니다. 이러한 선형회귀분석은 예측모형($\hat{y} = ax + b$)이 예측하는 값($\hat{y}$)과 실젯값(y)의 차이가 최소인 회귀계수(a)와 절편(b)을 추정하는 데 목적이 있습니다. **그림 3-3**의 값이 1일 때 실젯값 y는 '2'이지만 회귀모형의 예측값($\hat{y}$)은 '1.5'로 실젯값 y와 예측 $\hat{y}$ 값 간의 차이는 0.5입니다. 이렇게 모든 x값에 대응한 실젯값인 y와 회귀모형이 예측한 $\hat{y}$ 값의 차이가 최소가 되는 a값을 찾는 것이 선형회귀분석의 핵심입니다. 예측값과 실젯값($\hat{y}-y$)이 최소가 되는 기울기 즉 가중치(a)를 가진 예측값 $\hat{y}$를 중심으로 실젯값 'y'와의 오차는 정규분포를 띄게 됩니다. 오차의 정규분포성 가정에서 보면 실젯값과 예측값의 차이($y-\hat{y}$) 계산값은 '0'이 될 수밖에 없으므로 차이를 제곱합하여 최솟값을 추정하는 절차를 따릅니다. 이를 구체적인 계산식으로 나타내면 최솟값의 위치를 알려주는 프로그램 명령어 numpy인 'argmin'을 활용하여 실젯값과 예측값의 차이 제곱$(y-\hat{y})^2$값을 모두 합했을 때 최소가 되는 a를 찾을 수 있습니다(b값은 상수).

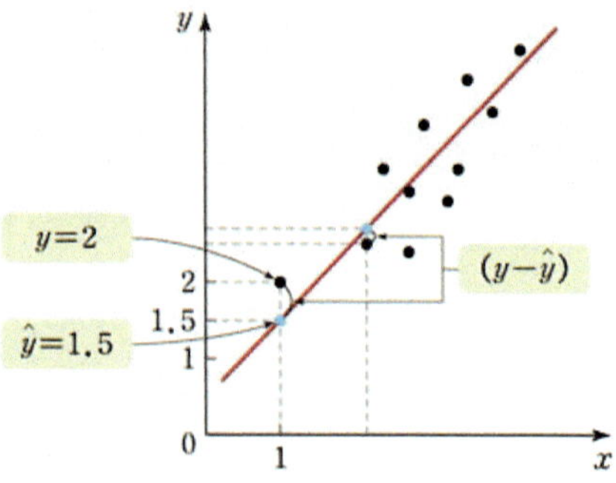

그림 3-3 실젯값과 예측값 차이$(y-\hat{y})^2$ 추정도

$$\text{argmin}\sum(y-\hat{y})^2 = \text{argmin}\sum(y-(ax+b))^2$$

하나의 선형회귀분석에서 실젯값과 예측값의 차이$(y-\hat{y})^2$가 최소가 되는 가중치(a)를 추정하듯이, 인공신경망은 입력층과 은닉층의 모든 변수들 사이에 선형적인 연결을 설정하고, 각각의 연결망들의 가중치들을 합한 후 다시 개별 가중치별로 편미분 partial differentiation 함으로써 개별 계수(가중치)를 추정합니다. 이렇게 순차적으로 개별 선형연결망의 가중치를 구하고(순전파: forward propagation)하여 결괏값의 오류를 다시 전파(역전파: back propagation)하여 가중치의 누적된 오류의 합이 최소가 되는 비용함수 cost function 값을 구하는 절차를 따릅니다(순전파 및 오류 역전파에 관한 내용은 뒤에서 다시 자세히 다룰 것입니다).

예를 들어, 아래 임의의 투입변수 3개를 중심으로 **그림 3-4**의 인공신경망의 간단한 모형을 구성한다고 하겠습니다. 지금부터 전통적인 선형회귀분석이 다루기 힘든 복잡한 '비선형' 데이터를 분석해 내는 절차를 자세히 살펴보겠습니다(이 내용은 인공신경망 개념을 이해하는 데 중요한 부분이니 좀 더 집중할 필요가 있습니다).

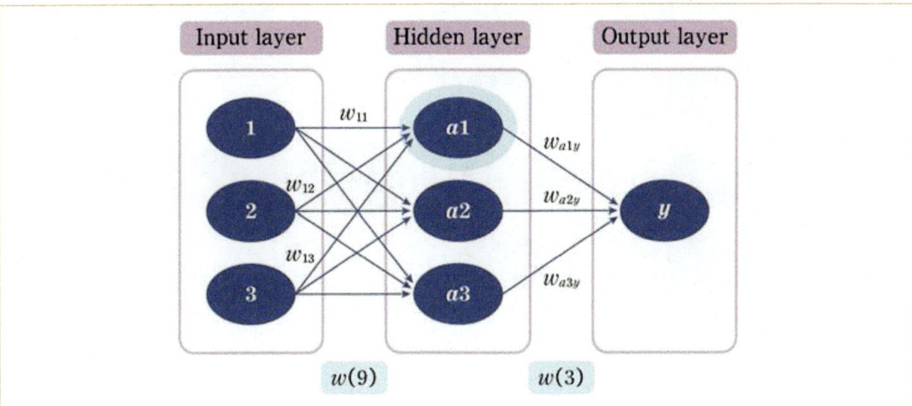

그림 3-4 투입변수 3개에 따른 인공신경망분석 개념도

일단 단순 선형회귀모형($\hat{y} = ax + b$)에서 회귀계수 혹은 가중치를 'a'라고 했지만, 인공신경망에서는 'w'라고 명명하기로 하겠습니다. **그림 3-4**의 $a1$에서 보면 $w_{11,}w_{12,}w_{13}$등 3개의 w값을 가집니다. 마찬가지로 $a2$, $a3$도 각각 3개의 w값을 가집니다. 따라서 입력층에서 은닉층까지 9개, 은닉층에서 출력층까지 3개의 경로 등 총 12개의 가중치(w) 즉 실젯값과 예측값의 차이$(y-\hat{y})^2$가 최소가 되는 회귀계수(w)들을 추정하여 y값을 산출하게 됩니다.

이때 최종 결괏값을 추정하는 예측값과 실젯값의 차이가 최소가 되도록 개별적인 w값들을 편미분하여 12개의 $w(w_{11,}w_{12,}w_{13}\cdots)$를 찾아내는 것입니다. '$a1$' 지점에서 보면 입력값과 가중치($w$)들의 합[(Input① × w_{11}) + (Input② × w_{12}) + (Input③+ w_{13})]과 절편값을 갖는 선형회귀 모형이 됩니다. 즉 은닉층 $a1$는 입력된 w(가중치)를 입력[①, ②, ③]에 개별적으로 곱한 값의 합인 $y = wx + b$ 형식의 선형적(1차원) 모형을 나타냅니다.

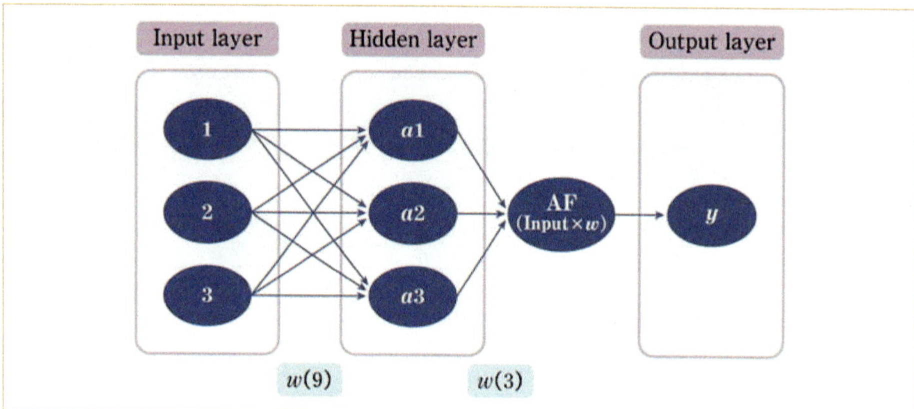

그림 3-5 비선형함수가 반영된 인공신경망 개념도

인공신경망은 다차원적의 입력 변인들에 상응하는 은닉 변인들을 연결하여 실젯값과 예측값이 최소가 되는 지점을 추정합니다. 이러한 다차원의 연결망분석은 자연스럽게 단순 직선의 선형 관계가 아니라 복잡한 비선형적인 구조를 가질 수밖에 없습니다. 따라서 **그림 3-5**와 같이 1차원적인 선형 관계식으로 제시된 실젯값과 예측값의 차이 제곱의 합인 값(Input × w)을 비선형 형식으로 전환하는 함수(F)가 필요합니다. 이렇게 선형관계의 가중치(w) 값을 비선형의 값으로 전환하는 함수를 활성화함수 Activation Function라고 합니다.

앞선 예제의 계산식[Input① × w_{11}]에 활성화함수 tanh hyperbolic tangent를 적용하면 tanh(Input① × w_{11}]은 '−1 < tanh(input × w) < 1' 내에서 값을 얻게 됩니다. 이러한 절차를 반복함으로써 단순 선형회귀분석 형식으로 도출된 가중치[Input(n)의 w_n]를 비선형적인 형태로 출력할 수 있도록 해줍니다. 자주 쓰는 활성화함수 종류는 시그모이드 Sigmoid, tanh hyperbolic tangent, ReLU Rectified Linear Unit, Leaky ReLU 등이 있습니다. 활성화함수에 대해서는 뒤에서 좀 더 자세히 살펴보겠습니다.

3.2 인공신경망: 벡터와 행렬의 조합

그렇다면 활성화함수를 통해서 최종적으로 인공신경망이 예측하는 '$\hat{y}$'값을 구하는 공식을 어떻게 정리할 수 있을까요? 앞서 개념적으로 예를 든 인공신경망의 구성층인 입력→은닉→산출층(입력노드: 3개, 은닉노드: 3개, 출력노드: 1개)을 나눠가면서 최종 예측값을 도출하는 과정을 설명해 보겠습니다. 여기서 벡터 vector 와 행렬(매트릭스: matrix)을 활용합니다. 행렬을 이용하게 되면 복잡한 수식을 간단하게 표현할 수 있고, 무엇보다 컴퓨터 계산 측면에서 매우 효율적입니다. 벡터는 쉽게 생각해서 한 줄짜리 행렬입니다. 즉, $[m \times 1]$ 행렬을 열벡터라고 하고, $[1 \times m]$ 행렬을 행벡터라고 합니다. 행렬은 행과 열벡터의 조합을 말합니다. 여기서, 벡터는 { }로 표기하고 행렬은 [ ]형식으로 표기하겠습니다.

먼저 입력층에서 은닉층 단계에 이르는 신경망(Input layer → Hidden layer)의 가중치(w)와 절편을 구하기 위해, $\{P\}$ = input(입력값), $[U]$ = first weight(가중치), $\{b\}$ = first bias(절편)라고 하겠습니다. 그러면 $\{P\}$는 1, 2, 3이라는 3개의 벡터를 가지고 있으며, 첫 번째 인공신경망의 가중치$[U]$는 입력층(3) × 은닉층(3) 변수들의 조합, 즉 9개의 성분으로 구성된 매트릭스를 가집니다. 이렇게 첫 번째 연결망의 산출물(은닉층 변수)은 3개이며 이에 따른 3개의 절편($b1$, $b2$, $b3$)을 갖게 됩니다. tanh를 활용한 입력층 노드 3개와 은닉층 노드 3개를 연결하여 예측한 $\hat{y}$ 계산 공식은 아래와 같습니다.

$$\hat{y} = \{y\} = \{s\} + [w]^{T} tanh\ ([U]\{P\} + \{b\})$$

입력→은닉층 연결망(Input → hidden layer)의 가중치 및 오차계산식:

$$A = [U]\{P\} + \{b\}$$

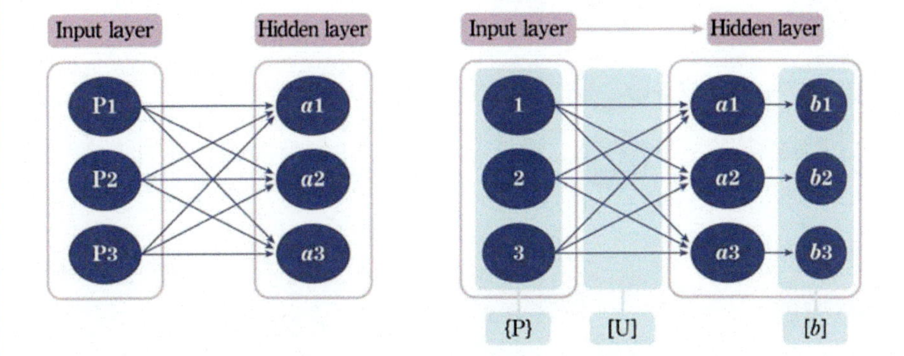

은닉→출력층 연결망(hidden layer → output layer)의 가중치 및 절편 계산식:

$$\{y\} = \{s\} + [w]^T tanh\ (A)$$

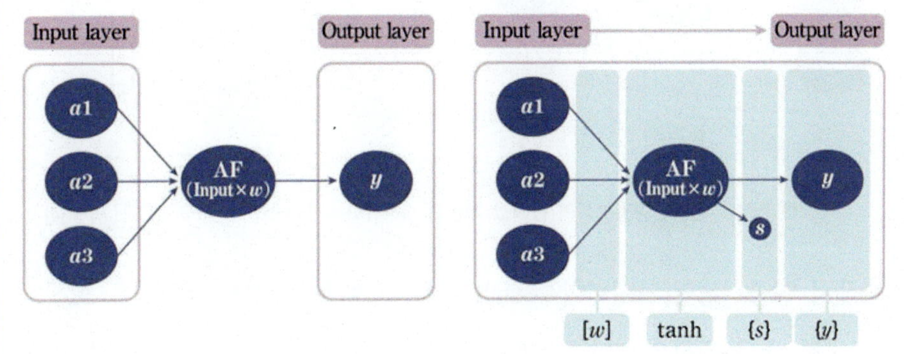

그림 3-6 인공신경망(Input → hidden → output layer) 단계별 가중치 및 절편 계산식

그림 3-6을 통해 위 계산 공식에 대해 자세히 살펴보겠습니다. 그림의 왼쪽은 입력층과 은닉층을 단순하게 표현하고 있지만, 가중치[U]의 조합으로 은닉층의 3개 변수는 각각 절편을 가집니다($b1$~$b3$). 마찬가지로 여기서 활성화함수(AF)인 tanh는 은닉층에서 들어오는 가중치의 합, 즉 예측 벡터(선형적 회귀계수)를 비선형으로 변환해 주는 역할을 하며 최종적인 y값을 추정하는 데 절편{s}을 남기게 됩니다.

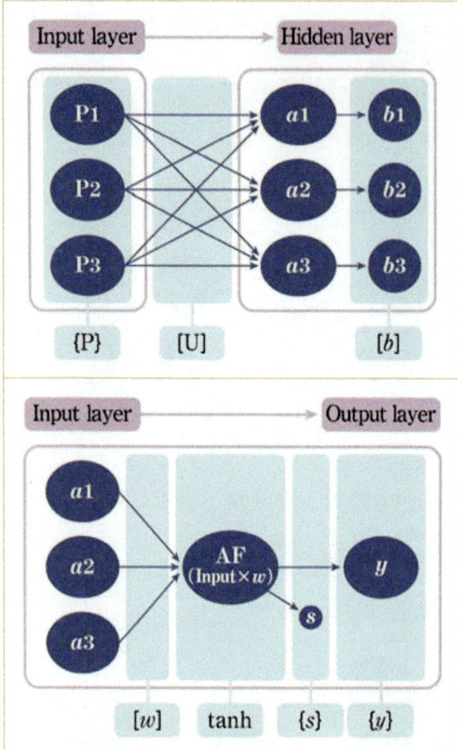

입력→은닉층 단계 예측값(3개)

$$A=[U]\{P\}+\{b\}$$

$$\begin{bmatrix} u_{11}, u_{12}, u_{13} \\ u_{21}, u_{22}, u_{23} \\ u_{31}, u_{32}, u_{33} \end{bmatrix} \begin{bmatrix} 1 \\ 2 \\ 3 \end{bmatrix} + \begin{bmatrix} b_1 \\ b_2 \\ b_3 \end{bmatrix} = \begin{bmatrix} A_1 \\ A_2 \\ A_3 \end{bmatrix}$$

최종 예측값 $\hat{y}$

$$\{y\}=\{s\}+[w]^T tanh\ ([U]\{P\}+\{b\})$$

$$=[s]+\begin{bmatrix} w_1 \\ w_2 \\ w_3 \end{bmatrix}^T \tanh \begin{bmatrix} A_1 \\ A_2 \\ A_3 \end{bmatrix}$$

그림 3-7 인공신경망분석의 출력값 계산식: $\hat{y}=\{y\}=\{s\}+[w]^T tanh\ ([U]\{P\}+\{b\})$

계속해서 인공신경망(활성화함수 tanh 활용)의 예측값(벡터) 계산식을 도식화하고 종합한 계산 공식은 **그림 3-7**과 같습니다. 결국 인공신경망은 입력층과 은닉층, 출력층, 활성화함수 간의 연결망을 설정하고 순전파와 역전파를 통한 반복적인 가중치 업그레이드(학습)로 최적의 예측값을 도출하는 과정(학습)입니다. 이러한 학습과정을 머신러닝 machine learning이라 합니다. 딥러닝 deep learning은 머신러닝의 과정에 은닉층을 더 추가하여 심층적인 학습 단계를 부여하는 것을 의미합니다. 머신러닝과 딥러닝에 대한 학자마다 다른 정의를 내리고 있지만, 기본적으로 딥러닝은 위의 최종 예측값(y) 계산과정에서 특성추출과 같은 추가적인 학습 단계를 더 많이(깊이) 반영하여 심층적으로 학습(예측값 y추정)할 수 있도록 합니다.

3.3 활성화 함수: 비선형회귀의 핵심

인간의 뇌는 정교한 슈퍼컴퓨터와 같습니다. 현생인류는 최대 1,000억 개의 신경세포, 즉 뉴런 neuron 을 통해 외부 자극을 지각합니다. 신경세포와 신경세포 간의 일련의 상호작용을 통해 자극 정보를 처리하는데 이와 비슷하게 컴퓨터가 인위적인 신경망을 통해 어떠한 대상을 분류하거나 예측하는 등의 지능적인 역할을 수행할 때 이를 인공신경망 ANN: Artificial Neural Network 분석이라고 합니다. 인간의 뇌가 현실 속의 자극과 경험 통해 학습하듯이, ANN 또한 수많은 뉴런의 노드 간의 거미줄과 같은 연결망을 통해 입력과 결과의 오차를 스스로 수정하는 학습 기능이 있습니다. 따라서 ANN은 인간의 지적 능력과 유사하게 스스로 입력값을 해석해서 입력한 대상을 예측할 수 있는 지능적인 분석 기능을 수행할 수 있습니다. 인간의 신경세포인 뉴런은 입력되는 모든 유형의 신호들이 각각 얼마나 의미가 있는지(힘의 방향과 세기인 가중치)를 분석하여 최종적인 판단(예측, 분류 등)을 합니다. 마찬가지로 인간의 뇌가 어떤 대상을 지각하는 과정은 **그림 3-8**과 같이 인공신경망 구조로 표현할 수 있습니다. 이러한 연결구조를 퍼셉트론 perceptron 이라고 하는데요. 우리가 앞서 살펴봤던 <입력층→은닉층→출력층>의 연결망 구조는 인간의 뇌가 입력 자극을 분석하고 판단하는 과정과 유사하게 수학 계산식으로 도식화할 수 있습니다.

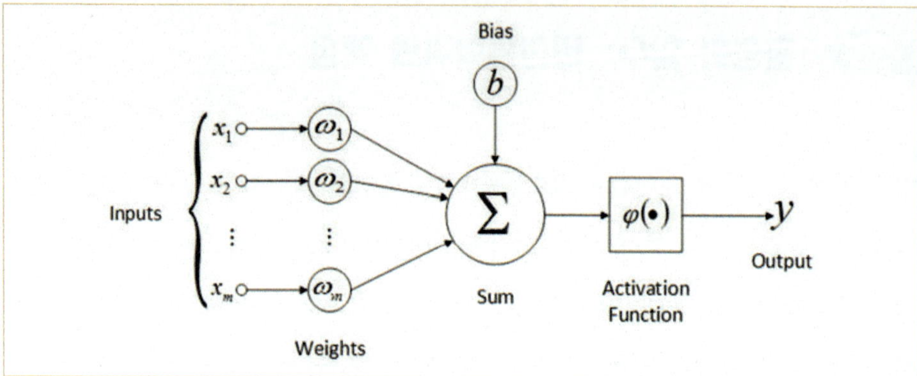

그림 3-8 인공신경망의 입력과 출력 분석과정

출처 https://morioh.com/p/a4cb8948734d

그림 3-8을 살펴보면, 왼쪽 입력층의 x_m값들($x_1, x_2 \cdots x_m$)은 모두 개별적으로 양(+) 또는 음(-)의 값인 가중치w_m($w_1, w_2 \cdots w_m$)들을 가집니다. 이런 두 개의 값에 대한 곱의 형태는 회귀분석에서 자주 봤던 계산식($y = ax + b$)의 기울기에 해당하는 a와 x의 곱, 즉 여기서는 $w_m \cdot x_m$입니다. 당연히 $w_m \cdot x_m$은 절편(b: bias)을 가지므로, 입력된 모든 노드와 가중치를 합산(Σ)한 후 활성화함수를 통해 비선형성을 고려한 최종값을 도출합니다. 이처럼 활성화함수는 입력값인 x_m과 가중치 w_m값들의 모든 합산 값을 비선형의 값으로 돌려주는 마법과 같은 기능을 합니다.

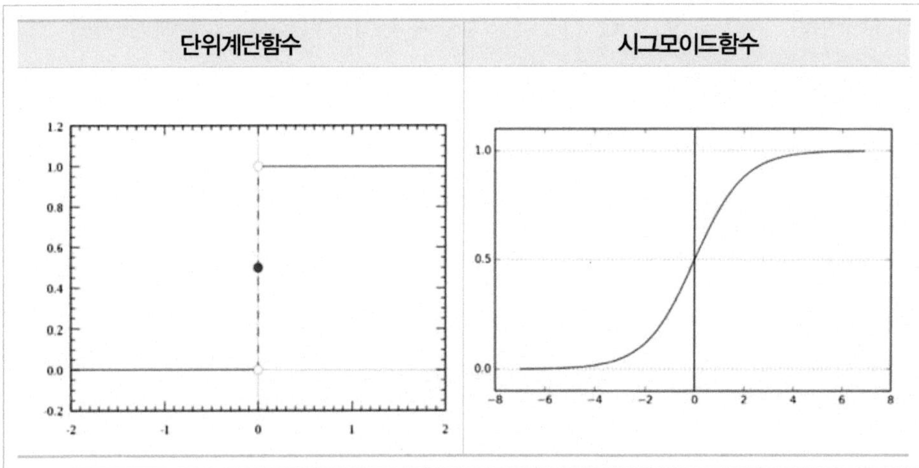

그림 3-9 단위계단함수와 시그모이드 함수 비교

출처 https://towardsdatascience.com/activation-functions-neural-networks-1cbd9f8d91d6

활성화함수의 기본적인 유형은 특정 기준값보다 크면 1을 출력하고 그렇지 않으면 0(또는 −1)을 출력하는 단위계단함수 unit step function 또는 Heaviside step function를 이해하면 쉽습니다. 0보다 작은 실수에 대해서는 0을, 0보다 큰 실수에 대해서는 1을, 0에 대해서는 1/2의 값을 갖는 내밸는 이 함수는 계단(_|¯)처럼 극단적으로 입력된 $H(x_m)$함수가 $x_m > 0$이면 1을, $x_m < 0$이면 0을 내어준다고 하여 단위계단함수라고 합니다. 단위계단함수를 그래프로 도식화하면 **그림 3-9**의 왼쪽과 같고 오른쪽의 시그모이드함수 sigmoid 또는 logistic는 S자 형태의 함수 모양을 나타냅니다. 함수식에서 자연상수 'e'는 대략 2.71828인데요. 인공신경망분석에서 다층으로 입력된 선형정보를 출력단계에서 0에서 1 사이의 값으로 축약시키는 데 유용합니다. 특히 인공신경망이 학습하는 데 적합하도록 시그모이드 함수는 연속미분이 가능합니다.

시그모이드 함수식: $s(x) = \dfrac{1}{1+e^{-x}}$

위 함수식을 보면 분자 '1'을 기준으로 0부터 1 사이의 값을 도출해 줍니다. 단위계단함수와 활성화함수인 시그모이드의 차이는 **그림 3-9**를 보면 직관적으로 알 수 있습니다. y축은 0~1의 값을 가질 때, 단위계단함수의 출력 y값은 0과 1밖에 없습니다. 즉 활성화 여부만 알려주는 꼴이지요. 반면 시그모이드 함수의 y값은 0~1 사이의 연속한 무수히 많은 값을 나타내줍니다. 그래서 시그모이드함수는 단순한 활성화 여부가 아니라 얼마큼 활성화되었는지(예를 들면, 0.2 또는 0.8)를 반환해 주기 때문에 더욱 정교한 계산 결과를 얻을 수 있습니다.

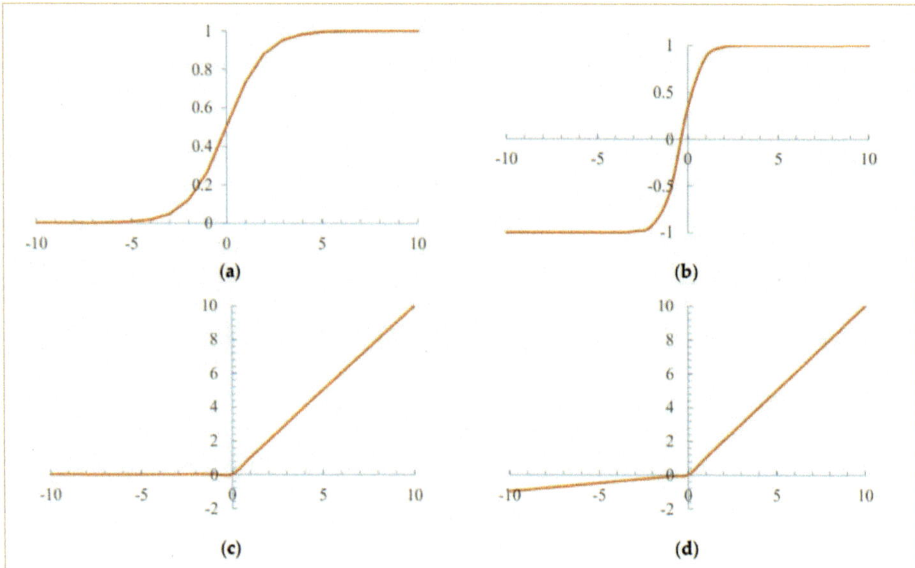

그림 3-10 비선형함수 유형: (a)시그모이드; (b)Tanh; (c)ReLU; (d)Leaky ReLU

출처 Jing, Yang & Guanci, Yang. (2018). Modified Convolutional Neural Network Based on Dropout and the Stochastic Gradient Descent Optimizer. Algorithms. 11. 28. 10.3390/a11030028.

그림 3-10은 대표적인 활성화함수의 종류인 시그모이드 Sigmoid, 하이퍼블릭 탄젠트 Tanh, 렐루 ReLU: Rectified Linear Unit, 그리고 ReLU의 변형된 함수인 Leaky ReLU의

그래프 모형의 차이를 보여주고 있습니다. 여러 가지 활성화함수가 있지만 우리 책에서는 역사적으로 가장 많이 활용하는 시그모이드 sigmoid와 ReLU rectified linear unit 함수에 관해 간략히 설명하고 넘어가겠습니다.

사실 시그모이드함수는 수년간 인공신경망의 활성화함수로 널리 사용되었지만, 최근 들어서는 선호도가 많이 줄고 있습니다. 이 함수가 경사하강법을 진행하는 과정에서 데이터 값을 소실하는 문제가 발생하여 다층인공신경망의 정교한 학습을 어렵게 만들기 때문입니다. 이러한 문제를 보완하는 ReLU와 같은 활성화 함수를 사용하는 경우가 많아 졌습니다. 위 **그림 3-10**의 (c)를 보면 직관적으로 알 수 있듯이 ReLU 함수는 입력된 모든 양(+)의 값은 그냥 통과시키지만, 나머지 음(-)의 값은 0으로 만들어 버립니다. 다양한 인공신경망의 활성화함수가 등장하고 있지만 요즘 대부분의 딥러닝은 ReLU 유형의 함수를 사용합니다.

어떠한 활성화함수를 이용하든지 간에 입력값의 가중치의 합($\sum(w_m \cdot x_m)$)의 조합은 선형적일 수밖에 없습니다. 즉 입력・가중치의 합은 입력값과 단순한 의존적인 선형적 관계를 맺을 수밖에 없습니다. 이러한 선형적인 값을 활성화함수를 이용해 비선형적인 형태로 처리하면 다차원적이고 복잡한 비선형 데이터를 모형화할 수 있습니다. 즉 활성화함수는 인공신경망의 출력을 결정하는 수학적인 계산함수입니다. 활성화함수는 수많은 노드와 노드 사이의 연결망으로부터 오는 선형회귀의 합산계산 값을 비선형 값으로 변환하여 입출력 모델의 활성화(발화: fired) 여부를 결정합니다. 활성화함수는 바로 이러한 역할 때문에 꼭 필요한 존재입니다.

인공신경망에서 정규화 normalization는 <표 3-1>과 같이 예를 들면 '10~10,000'의 산발적인 입력값이 있으면 이를 활성화함수 등의 수학적 연산을 통해 '0'과 '1' 사이의 값으로 변환시켜주는 것을 뜻합니다. 또 표준화 standardization는 평균(μ)과 표준편차(σ)를 알고 있으면 정규분포의 기준값(0)을 토대로 편차를 표준화하는 방법입니다. 쉽게 말해 정규화와 표준화 방법 둘 다 넓게 펼쳐진 데이터를 일정한 기준으로 뭉치게 하는 기능을 합니다.

표 3-1 입력값에 대한 척도 표준화 방법

정규화(normalization)	표준화(standardization)
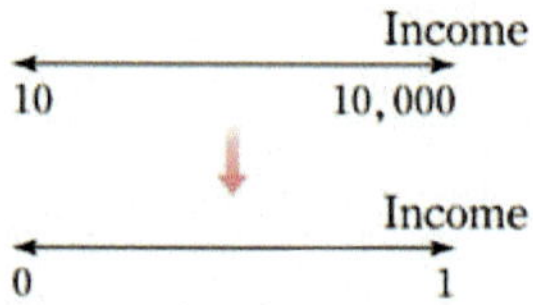	$z = \frac{x-\mu}{\sigma}$ μ =평균 σ =표준편차

인공신경망 모형이 예측한 오차가 최소가 되도록 비용함수를 기준으로 가중치와 편차(w, b: $y = wx + b$ 함수식)를 찾아가는 방법을 경사하강법 gradient descent이라고 합니다. 그런데 인공신경망에 투입하는 데이터를 정규화하지 않으면 넓게 산발적으로 흩어진 데이터를 기준으로 분석이 진행되어 인공신경망이 예측한 값과 실젯값의 오차가 최소화되는 지점을 찾아가는 데 어려움을 줍니다. 예를 들어 w와 b, y 변수의 값을 3차원(등고선: contour)으로 도식화하면 **그림 3-11**과 같이 나타낼 수 있습니다.

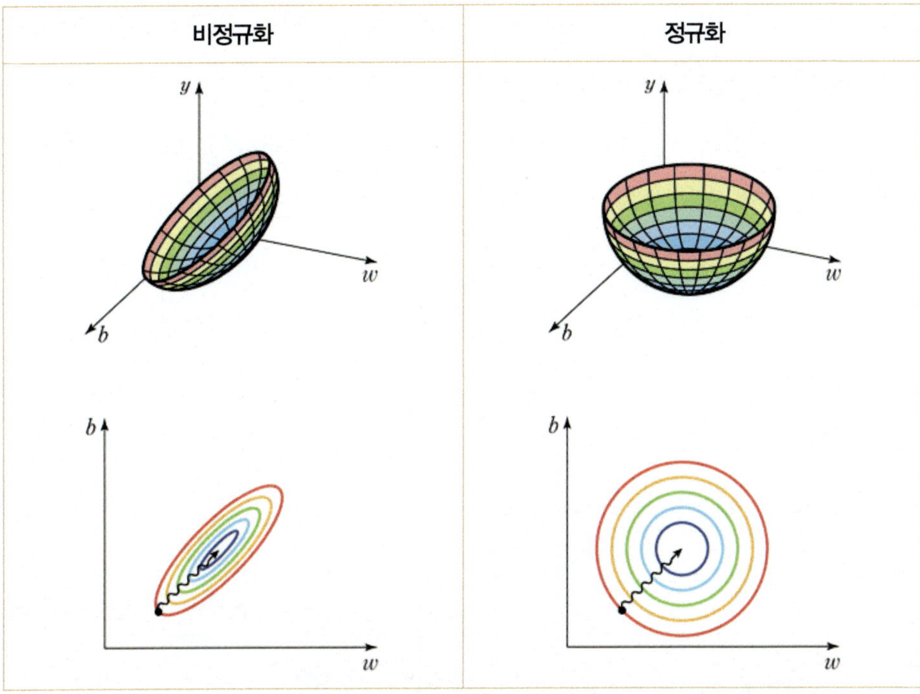

그림 3-11 표준화와 비표준화별 가중치와 편차의 3차원 비용함수 그림

출처 https://medium.com/analytics-vidhya/mean-normalization-and-feature-scaling-a-simple-explanation-3b9be7bfd3e8

위 **그림 3-11**은 우리가 예측한 모형의 오차가 최소가 되는 비용함수를 3차원 등고선을 이용하여 시각화한 그림입니다. 입력된 값을 표준화를 하지 않으면 **그림 3-11**의 왼쪽처럼 비스듬한[skewed] 타원형[ova]일 수 있습니다. 반면 표준화한 등고선은 일정한 간격을 둔 원[circle] 모양인데요. 만약 랜덤하게 부여된 지점(●)에서 경사하강법을 시작하면 입력된 변수가 정규화되어있을 경우 더 빠르게 최적의 지점(오차가 최소인 지점)을 찾아갈 수 있습니다. 그러나 비정규화된 경우는 컴퓨터가 오차함수의 최솟값을 찾아가는 과정, 즉 경사하강을 위한 더 많은 컴퓨터 연산 단계가 필요하기 때문에 비효율적입니다. 이렇게 넓고 산발적으로 흩어진 데이터를 정규화하는 것은 분석의 효율을 높이기 때문에 중요합니다.

한편, 정규화된 입력값을 이용하는 인공신경망 분석은 최종적으로 "정규화 normalization"된 결괏값을 도출해 줍니다. 현실 세계에서는 정규화된 0과 1, 또는 -1에서 1 사이의 결과뿐만 아니라 실제 단위로 환산한 결괏값이 필요하죠. 이러한 문제를 해결하기 위해서 인공신경망을 통해 도출된 정규화한 값을 다시 역변환하는 역정규화 denormalization 절차가 필요합니다. 즉 현실 세계의 단위에 맞게 정규화한 입력값을 다시 역변환하여 실젯값을 얻을 수 있습니다. 최종적으로 현실 세계에서 원하는 정규화 이전의 실젯값을 얻기 위해서는 개발된 모형에 입력된 변수의 최대와 최솟값(max, min)을 알고 있어야 합니다. 이러한 지식을 토대로 정확히 역정규화를 진행할 수 있습니다.

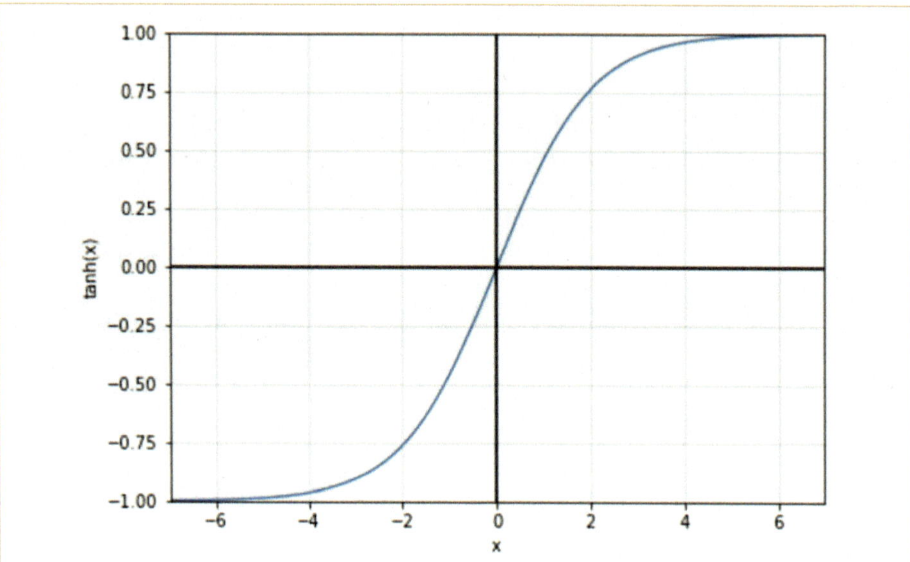

그림 3-12 하이퍼블릭 탄젠트(tanh) 함수 그래프

출처 Datta, Leonid. (2020). A Survey on Activation Functions and their relation with Xavier and He Normal Initialization.

예를 들면, **그림 3-12**와 같이 하이퍼블릭 탄젠트 tanh 함수는 만약에 어떤 실젯값이 0~100까지 값이 있다면 이들 값을 0에서 1 사이의 값으로 정규화시킨 (X)값을 두 배 곱한 후 -1을 해주면$[2\times(X)-1]$ 결과적으로 -1에서 1 사이의 값을 도출해 주는 함수식입니다. tanh함수와 같이 모든 데이터를 -1에서 1사이로 정규화하기 위해서는 아래의 계산식을 사용하면 됩니다. 여기서 X_R은 정규화의 대상이 되는 값을 의미합니다.

$$X_N = 2\times\left[\frac{X_R - X_{\min}}{X_{\max} - X_{\min}}\right] - 1$$

이 계산식을 이용하여 실젯값(X_R)을 구하면 역정규화를 완성할 수 있습니다.

$$X_R = \frac{(X_{\max} - X_{\min})(X_N + 1)}{2} + X_{\min}$$

3.4 오류역전파: 인공지능발전의 일등 공신

인공신경망의 활성화함수는 입력과 출력 과정에서 입력된 데이터와 수백, 수천개의 연결망들의 가중치를 효율적으로 계산해줍니다. ANN의 출력층은 입력층으로부터 전달받은 수많은 노드의 가중치들을 기반으로 예측값과 실젯값의 차이를 지속해서 분석하면서 오류를 최소화하는 학습 learning을 하기 때문입니다. 사람이 어떠한 대상이나 물건을 처음 보면 본인이 알고 있었던 지식체계(모형)와 현실의 실체 간의 차이를 보정하면서 실제 대상을 정확히 규정해 나가는 것처럼, ANN도 도출한 예측모형이 현실 속의 실제와 얼마만큼의 오차가 있는지를 토대로 오류를 개선하는 일련의 학습 규칙이 있습니다.

우리는 이것을 오류역전파 Backward Propagation 알고리즘이라고 합니다. 개념적으로는 오류 또는 오차역전파는 출력단계에서 도출된 값과 실젯값의 오류를 역으로 앞단의 연결망으로 전달하여 출력단계로부터 오는 오류를 최소화하도록 가중치(w: weight)를 수정하는 절차를 따릅니다. 또 역으로 바로 전(前) 단계에서는 이전 단계에서 연결된 가중치의 오차크기를 보정해 나가는 프로세스를 반복함으로써, 우리가 원하는 혹은 인내 가능한 수준의 최소한의 오차 값(최종 결괏값과 실젯값 차이)을 얻을 때까지 반복합니다. 역방향으로 인공신경망의 네트워크가 연산 작용을 하면서 실제 결과와 원하는 결과 사이의 차이가 가능한 가장 낮은 오차가 발생할 때까지 노드 간의 연결 가중치를 조정합니다. 컴퓨터의 학습과정은 우리가 원하는 최소한의 오차값을 얻을 때 멈추게 됩니다. 이러한 오류역전파 알고리즘에 대한 개념을 도식화하면 **그림 3-13**과 같습니다.

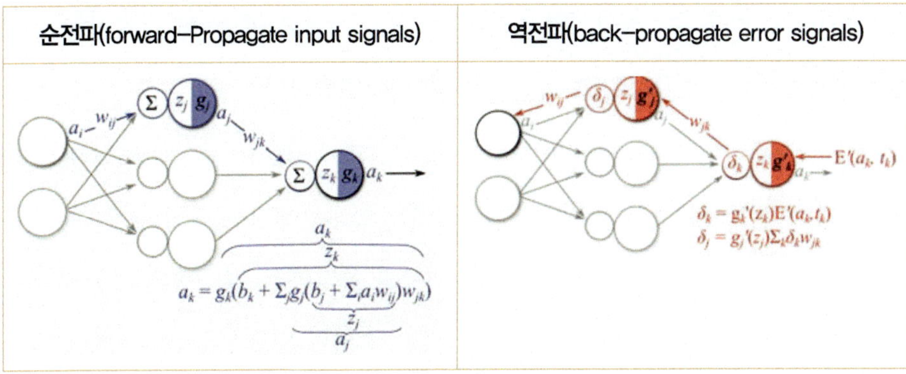

그림 3-13 순전파와 오류역전파 수학적 계산 개념도

출처 https://en.proft.me/2016/06/15/getting-started-deep-learning-r/

순전파와 오류역파의 흐름과 같이 인공신경망은 입력 데이터값을 출력층으로 그대로 전달하지 않습니다. 인간의 뇌 신경세포의 활성화 수준과 유사하게 인공신경망의 활성화함수는 입력 데이터값을 최종적으로 어떻게 출력할지를 결정하는 역할을 합니다. **그림 3-13**의 활성화함수는 이전 단계에서 들어온 입력과 가중치 합, 즉 $z_k(=b_k+\sum_j g_j(b_j+\sum_i g_i w_{ij})w_{jk})$를 입력으로 받아 최종 출력 전에 g_k로 다시 한번 변환하는 작업을 합니다. 그렇게 하여 위 그림처럼 최종적인 값인 'a_k'는 아래와 같은 계산식으로 나타낼 수 있습니다.

$$a_k = g_k(b_k + \sum_j g_j(b_j + \sum_i g_i w_{ij})w_{jk})$$

그림 3-13의 오른쪽과 같이 인공신경망에서 오류역전파는 입력값(z_k)을 g_k로 예측한 결괏값인 a_k와 실젯값(t_k)과의 오차(E)를 시작점으로 합니다. 이 오차를 중심으로 g_k에서 역순으로 모든 연결망의 가중치를 미세하게 조정해 나가는 작업을 진행합니다. 즉 최종 단계에서 역순으로 가중치를 조절하는 미분값(δ_k)은

$\delta_{k} = g_k{}'(z_k)E'(a_i, t_k)$의 계산식이고, 그다음 역순 지점인 (g_j)에서 가중치를 수정하는 계수는 $\delta_j = g_j{}'(z_j)\Sigma_k \delta_k w_{jk}$로 정리할 수 있습니다.

실젯값과 예측값의 오차를 기준으로 역순의 가중치들을 수정하는 절차에 대해 좀 더 자세히 알아보겠습니다. 우리는 이 책의 앞부분에서 선형회귀모형의 예측과 실제 값의 오차를 최소화하기 위해 입력층과 은닉층 및 출력층의 가중치 w값들을 조정한다고 배웠습니다. 앞서 이야기한 것처럼 인공신경망이 학습한다는 의미는 입력과 은닉 및 출력층 간의 연결 노드의 가중치들을 실제와 예측값의 오차를 최소화하는 방향으로 업데이트하는 과정입니다. 순전파(Forward Propagation: 입력층 → 은닉층→ 출력층)는 입력층의 정보 신호를 은닉층을 거쳐 출력층으로 연결하는 각각의 노드에 어느 정도 가중치(w값)를 줘야 하는지를 계산하여 최종 결괏값을 도출하는 과정입니다. 역전파 Backward Propagation는 순전파와 반대로 출력층으로부터 시작하여 역(逆)의 순서대로 은닉층과 입력층에서 실제와 예측값의 오차를 최소화하는 가중치인 w값들을 업데이트하여 전체적인 모형을 재조정하는 방법을 말합니다.

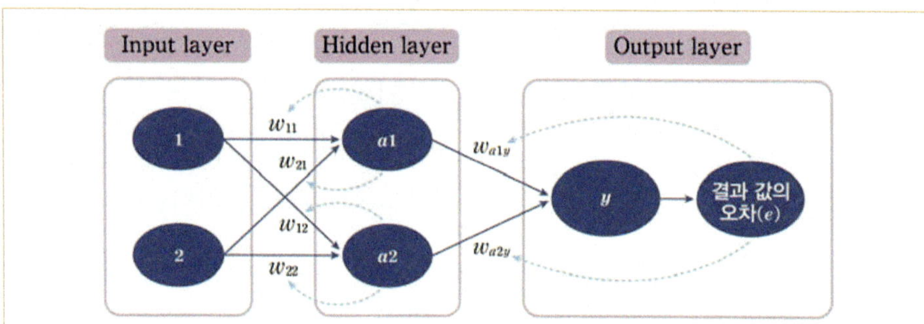

그림 3-14 오류역전파 개념도

위 **그림 3-14**를 자세히 보면, 가중치(w_{a1y}, w_{a2y})와 활성화 함수의 계산식에 따라 예측 결괏값인 y를 도출합니다. 이때 예측 결괏값인 y는 실젯값과 오차(e)를 나타내기 마련인데요. 오류역전파의 방법은 예측 결과(y)의 오차(e)를 가중치(w_{a1y}, w_{a2y}) 비율만큼 아래와 같은 계산식의 업데이트 방법을 역순하여 각각의 연결망에 적용해 나갑니다. 마찬가지로 결괏값에 영향을 미치는 은닉층 $a1$의 노드 지점을 중심으로 살펴봐도 입력된 가중치(w_{11}, w_{21})들이 아래와 같이 개별적으로 가중치의 비율만큼 오차값이 적용됨을 알 수 있습니다.

$$가중치(w_{a1y}) = e_{output(y)} \times \frac{w_{a1y}}{w_{a1y} + w_{a2y}} \ ; \ 가중치(w_{a2y}) == e_{output(y)} \times \frac{w_{a2y}}{w_{a2y} + w_{a1y}}$$

$$가중치(w_{11}) = e_{hidden(a1)} \times \frac{w_{11}}{w_{11} + w_{21}} \ ; \ 가중치(w_{21}) = e_{hidden(a1)} \times \frac{w_{21}}{w_{21} + w_{11}}$$

이렇게 가중치를 역순으로 업데이트하는 오류역전파의 방법은 가중치의 값이 크면 클수록 오류의 업데이트 비율이 비례해서 커집니다. 수많은 개별 노드와 연결 가중치들(w_n)을 조정해 나감으로써 출력층의 예측값과 실젯값의 오차를 최소화하는 방법을 취합니다. 즉 결괏값 산출 단계에서 계산한 예측값과 실젯값의 차이를 이용해서 인공신경망 노드와 노드 사이의 연결된 모든 가중치들을 역으로 조율해 나가는 방식으로 인공신경망의 예측값을 높이는 것입니다.

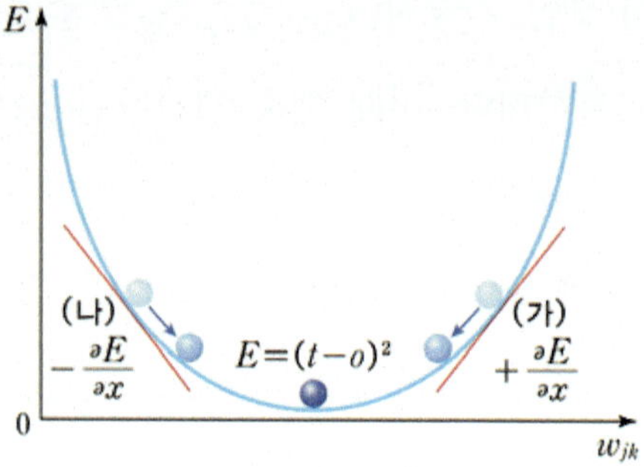

그림 3-15 결괏값과 예측값 오차 편미분을 통한 최적값 도출 개념도

$$\text{argmin}\sum_{n=1}^{\infty}(t_n-o_n)^2 \Rightarrow \text{argmin}(t-o)^2$$

그림 3-15와 $\text{argmin}(t-o)^2$을 공식을 보면 우리 인간은 직관적으로 $t=0$이라는 값을 알 수 있습니다. 그러나 컴퓨터는 인간처럼 직관적이지 않고, 단지 빠른 연산 능력을 갖고 있을 뿐입니다. 즉 컴퓨터는 단순하고 빠르게 계산하는 강점을 가지고 있지요. 그렇기에 컴퓨터 프로그램을 통한 오차가 '0'인 지점을 찾기 위해서 무작위로 수많은 값을 단순하게 모두 입력하는 방법(무차별 대입: brute force)을 활용하기도 했습니다. 인공신경망은 오차함수(E)를 가중치(w_{jk})로 편미분을 했을 때, 그림의 (가) 지점처럼 특정 지점에서 '+' 기울기가 나오면 '0' 지점으로 갈 수 있도록 '–'방향으로 취해 주고, 반대로 편미분(나)의 기울기가 '–'로 나오면 '0'의 방향으로 갈 수 있도록 '+'의 방향으로 이동시킵니다. 이러한 방법을 반복하여 인공신경망의 오차함수는 실제와 예측값이 맞아떨어지거나 최소화되는 지점의 가중치(w_{jk})를 찾도록 해줍니다.

그림 3-16 험준한 산속을 탐색하며 하산하는 과정과 경사하강법

출처 Rashid, T. (2016). Make Your Own Neural Network CreateSpace Independent Publishing Platform

이렇게 편미분의 기울기 값의 조정을 통해 예측값과 실젯값이 최소화되는 지점을 찾아가는 방법을 경사 하강법 Gradient Descent이라고 합니다. **그림 3-16**처럼 마치 밤중에 깊은 산속에서 길을 잃은 사람이 끊임없이 산비탈과 경사지를 확인하며 안전한 평지를 찾아 내려가는 과정과 유사합니다. 마찬가지로 인공신경망에서 경사하강법이란 실젯값과 예측값의 오류를 최소화할 수 있는 지점으로 수렴할 수 있도록 계속해서 접선의 기울기를 기준으로 한 단계씩 하향하여 오차가 최저점 (0)에 근접할 수 있게 해주는 방법입니다. 그렇다면 예측과 실제의 오차를 최소화하는 가중치인 w는 어떻게 구할 수 있을까요?

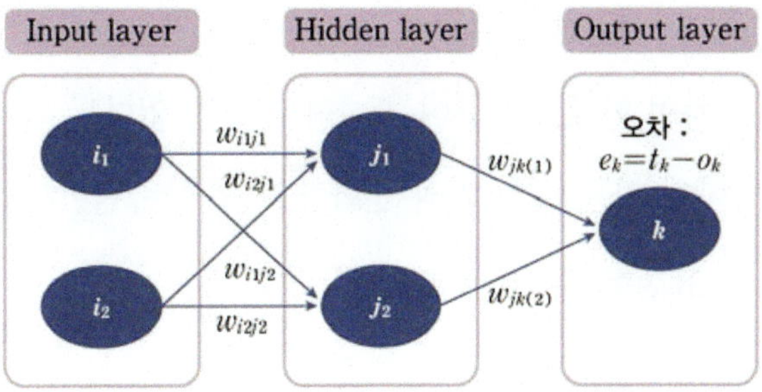

그림 3-17 오차제곱합을 통한 가중치 계산 모형

이에 대한 설명을 **그림 3-17**의 '오차제곱합을 통한 가중치 계산 모형' 개념도를 통해 자세히 알아보겠습니다. 앞서 공부한 인공신경망 분석의 결괏값을 예측하는 함수는 $\hat{y} = \{y\} = \{s\} + [w]^T tanh\ ([U]\{P\} + \{b\})$로 오차와 관련한 함수가 아닙니다. 하지만 오차함수는 예측 함수의 결괏값(o: output)과 실제 값(t: target)의 차이를 살피는 오차함수로 치환하여 살펴볼 수 있습니다. 물론 실젯값과 예측값의 단순 차이(t-o) 혹은 절댓값($|(t$-$o)|$)으로 오차함수를 살필 수 있으나, 단순 차이($t-o$) 값의 합은 오차의 양과 음의 값이 서로 상쇄되어 '0'이 되기 때문에 부적합하고, 절댓값 또한 오차 근처에 가면 연속적이지 않은 특성을 보이기 때문에 선호되지 않습니다. 이러한 이유로 예측값의 오차제곱(squared errer: $E\ (t-o)^2$)을 활용하여 오차함수를 구성하고 그래프의 미분계수를 응용할 수 있습니다. 다시 말해 오차($e_k = t_k$-o_k) 제곱합을 가중치 **그림 3-17**과 같이 실젯값과 예측값의 오차($E = (t-o)^2$)가 최소(0)가 되는 함수식을 통해 가중치(w_{jk})에 대한 계산식을 도출할 수 있습니다.

여기서 기본적으로 알아야 하는 것은 노드와 가중치의 연결구조인데요. 특정 출력단계의 노드는 이전 노드로부터만 연결되어 있고 같은 층위(은닉, 출력단계)의 다른 노드들과는 연결되어 있지 않습니다. 이 말은 결괏값인 o_k는 오직 그와 연결된 가중치 W_{jk}에 의해서만 영향을 받기 때문에 입력, 은닉, 출력층으로 이어지는 모든 경우의 오차의 합(Σ)을 굳이 계산할 필요가 없다는 의미입니다. 따라서 순수한 W_{jk}의 변화에 따른 오차 E의 변화량을 구하는 편미분 공식은 합산(Σ)을 제외한 상태로 표현할 수 있습니다.

$$\frac{\delta E}{\delta w_{jk}} = \frac{\delta \Sigma_n (t_n - o_n)^2}{\delta w_{jk}} \Rightarrow \frac{\delta E}{\delta w_{jk}} = \frac{\delta (t_k - o_k)^2}{\delta w_{jk}}$$

그럼 본격적으로 미분을 통해 가중치를 계산하는 식에 대해 알아보겠습니다. 미분 계산을 통한 w_{jk}를 계산하는 데 있어서 연쇄법칙chain rule 개념을 알아야 합니다. 연쇄법칙은 우리가 알고 있는 정보를 기준으로 미분계수를 단계적으로 나누어 계산함으로써 복잡한 미분함수의 해를 구할 수 있다는 법칙입니다. 일단 우리는 예측값 o_k를 알고 있습니다. o_k를 분모와 분자로 삽입하여 최초의 부분식을 아래와 같이 연쇄적인 함수(A)와 (B)의 조합으로 재구성할 수 있습니다.

$$\frac{\delta E}{\delta w_{jk}} = \frac{\delta E}{\delta o_k} \cdot \frac{\delta o_k}{\delta w_{jk}}$$

$$\frac{\delta E}{\delta w_{jk}} = \underset{\text{(A)}}{\boxed{\frac{\delta E}{\delta o_k}}} \cdot \underset{\text{(B)}}{\boxed{\frac{\delta o_k}{\delta w_{jk}}}}$$

연쇄법칙의 **(A)**부분 $\left[\frac{\delta E}{\delta o_k}\right]$을 먼저 풀어보면 오차는 실젯값과 예측값의 차이이므로, 이 계산식을 o_k를 중심으로 미분하면 아래와 같습니다.

$E = (t_k - o_k)^2 = [\, E = t_k^2 - 2t_k o_k + o_k^2 \,]$에 대해서 o_k으로 편미분을 하면,

$$\frac{\delta E}{\delta o_k} = -2t_k + 2o_k = -2(t_k + o_k)$$

연쇄법칙의 **(B)**부분 $\left[\frac{\delta o_k}{\delta w_{jk}}\right]$을 풀어보면, 예측값 o_k란 것은 직전 은닉층으로부터 들어오는 입력값(o_j)과 가중치(w_{jk}) 값들의 곱에 대한 총합 $[\Sigma(w_{jk} \cdot o_j)]$, 그리고 [활성화 함수]와의 곱과 같습니다. 여기서는 시그모이드sigmoid 활성화 함

수를 사용한 경우를 예로 들어 살펴보겠습니다. 일단 최종 입력값(o_j)과 가중치(w_{jk}), 그리고 활성화함수를 조합한 계산식을 아래와 같이 구성할 수 있습니다.

$$\frac{\delta}{\delta w_{jk}} sigmoid(\Sigma w_{jk} \cdot o_j)$$

여기서 시그모이드[sigmoid] 함수의 미분 과정을 살펴보고 가겠습니다. 시그모이드 함수식은 $s(x) = \frac{1}{-1+e^{-x}}$ 입니다. 이러한 형식의 함수식을 미분하면 아래와 같이 자기 자신과 관련한 값을 내뱉어 줍니다.

$$\frac{\delta}{\delta x} sigmoid(x) = sigmoid^{'}(x) = sigmoid(x)(1 - sigmoid(x))$$

이렇게 시그모이드함수를 미분($\frac{\delta}{\delta x} sigmoid(x)$)했을 때, $sigmoid(x)(1 - sigmoid)$ 식이 나오는 절차는 '몫미분 공식'에 의해 증명할 수 있습니다(몫 미분법에 관한 세한 내용은 아래 참조)[1]. 구체적으로 몫의 미분은 $y = \frac{f(x)}{g(x)}$ 일 때[단 $g(x) \neq 0$ 으로, 두 함수가 $f(x), g(x)$ 미분 가능할 때], 몫의 미분 값을 도출하는 방법은 아래의 계산식과 같습니다.

$$y' = \frac{f'(x)g(x) - f(x)g'(x)}{g(x)^2}$$

1) 함수의 몫의 미분법: https://m.blog.naver.com/honeyeah/110156343832

그러면 이러한 몫의 미분 계산식을 시그모이드 함수에 적용해 보겠습니다.

$$s'(x) = \frac{\delta}{\delta x}(\frac{1}{1+e^{-x}}) = \frac{0-\frac{\delta}{\delta x}(1+e^{-x})}{(1+e^{-x})^2}$$

여기서 $e^{-x} = \frac{1}{e^x}$와 같으므로 다시 한번 몫의 미분을 적용한 시그모이드 함수의 2차 계산식을 아래와 같이 구할 수 있습니다.

$$s'(x) = \frac{\delta}{\delta x}(\frac{1}{1+e^{-x}}) = \frac{0-\frac{\delta}{\delta x}(1+e^{-x})}{(1+e^{-x})^2} \Rightarrow \frac{e^{-x}}{(1+e^{-x})^2}$$

이렇게 구한 시그모이드 함수의 몫의 미분 계산식[$\frac{e^{-x}}{(1+e^{-x})^2}$]을 좀더 정교하게 계산해 보면, 아래와 같이 시그모이드함수는 자기 자신과 관련한 값을 최종적으로 출력해 주고 있습니다.

$$s'(x) = \frac{e^{-x}}{(1+e^{-x})^2} = \frac{(1+e^{-x}-1)}{(1+e^{-x})^2}$$

$$s'(x) = \frac{1}{1+e^{-x}} - \frac{1}{(1+e^{-x})^2} = \frac{1}{1+e^{-x}}(1-\frac{1}{1+e^{-x}})$$

이때, $s(x) = \frac{1}{-1+e^{-x}}$ 이므로

$s'(x) = s(x)(1-s(x))$ 즉 $sigmoid(1-sigmoid(x))$이 됩니다.

따라서 시그모이드 함수를 미분하면 $s'(x)=s(x)(1-s(x))$으로 1에서 자기 자신을 뺀 후 자기 자신을 곱하는 $sigmoid(1-sigmoid(x))$공식이 됩니다. 이렇게 인공신경망에서 활성화 함수는 복잡한 미분의 연산과정을 걸치지 않고 쉽게 자기 자신을 뱉어줌으로써 반복연산의 효율을 높여 줍니다. 한마디로 빠르지만 단순한 컴퓨터의 연산 과정에서 미분 계산의 로딩을 덜어주는 효과를 냅니다. 따라서 활성화함수의 미분공식과 연쇄법칙을 이용하여 인공신경망의 각 노드로부터 입력되는 가중치들이 어느 정도 오차함수에 영향을 미치는지를 종합적으로 나타내면 아래와 같이 정리할 수 있습니다.

$$\frac{\delta E}{\delta w_{jk}}=\frac{\delta E}{\delta o_k}\cdot\frac{\delta o_k}{\delta w_{jk}}$$

$$=-2(t_k+o_k)\cdot sigmoid(\Sigma w_{jk}\cdot o_j)(1-sigmoid(\Sigma w_{jk}\cdot o_j))\cdot\boxed{\frac{\delta}{\delta w_{jk}}(\Sigma w_{jk}\cdot o_j)}$$

위 계산식에 $\frac{\delta}{\delta w_{jk}}(\Sigma w_{jk}\cdot o_j)$ 값을 곱해주는 이유는 연쇄법칙이 적용되었기 때문입니다. 예를 들어 $f(g(x))$를 미분하면 $f'(g'(x))\cdot g'(x)$입니다. 즉 활성화함수(시그모이드) g는 $\Sigma w_{jk}\cdot o_j$이므로, o_j는 j의 결과로만 연결된 가중치 w_{jk}에 의해 도출된 값이므로 전체합(Σ)은 의미가 없어져서 결국 o_j값만 남게 됩니다. 이 모든 것을 종합하면 우리가 얻고자 하는 오차함수(E)에 대한 가중치의 미분계산 공식은 아래와 같습니다.[2)]

$$\frac{\delta E}{\delta w_{jk}}=-(t_k+o_k)\cdot sigmoid(\Sigma w_{jk}\cdot o_j)(1-sigmoid(\Sigma w_{jk}\cdot o_j))\cdot o_j$$

2) 계산식에서 숫자 '2'를 제거한 이유는 본 계산식이 오차값에 대한 가중치의 변화량(기울기)을 알아보는 오차함수식이기 때문에 공식을 간략히 표현하기 위해 상수 '2'을 없앴습니다.

이때 오차함수에 대한 가중치(w_{jk})의 편미분 값의 기울기의 방향과 함께 변화의 폭을 조정하는 상숫값인 학습률(α) 값을 반영하여 최저점을 찾지 못하고 벗어나는(오버슈팅: overshooting) 문제를 방지합니다. 수학적 계산식은 다음과 같습니다.

$$\text{new}\, w_{jk} = \text{old}\, w_{jk} - \alpha \frac{\delta E}{\delta w_{jk}}$$

위 계산식처럼 업데이트한 가중치($\text{new}\, w_{jk}$)는 기존의 가중치($\text{old}\, w_{jk}$)에서 오차를 가중치(w_{jk})로 편미분 하여 구한 기울기에 학습률 값인 상수(α)를 곱한 값을 빼줌으로써 구할 수 있습니다. 상수(α)는 변화의 강도를 조절하는 역할을 합니다. 편미분 값과 함께 기존 가중치(w_{jk})에서 학습률을 빼는(-) 이유는 편미분의 값이 양의 기울기이면 가중치를 줄이고, 반대로 음이면 가중치를 증가시켜 오차의 최소 점을 찾기 위해서입니다.

여러분들이 여기까지 따라오시면서 아마도 수학 계산 공식으로 어려움을 느끼실 수도 있을 것 같습니다. 그렇지만 그냥 상식적이고 개념적인 수준에서 수학 방정식과 함수 계산식을 이해하려고만 해주셔도 좋습니다. 수학 계산식을 일일이 풀어내려고 에너지를 낭비하기보다는 바로 다음 장으로 넘어가 내보시기를 권합니다. 계산식은 나중에 필요할 때 다시 살펴봐도 충분합니다. 또 지금 당장 세세히 모두 다 알 필요도 없습니다. 그러니 포기하지 말고 계속 따라오시기 바랍니다.

3.5 과적합 방지를 위한 데이터 분할

한편, **그림 3-18**의 왼쪽은 '$y = ax + b$'의 회귀식에서 모수 parameter, 즉 기울기 'a'를 찾기 위해 일부 데이터의 정확도를 놓치더라도 잔차가 최소화 되는 직선을 그려 넣은 것입니다. 반면 오른쪽은 컴퓨터에게 최상의 정확도를 갖도록 비용함수 cost function의 'a'를 추정하게 하면 극단적으로 모든 데이터를 연결한 계수 값을 도출해 줍니다. 즉 너무 과도하게 정확한 기울기(회귀계수)를 추정하는 것입니다.

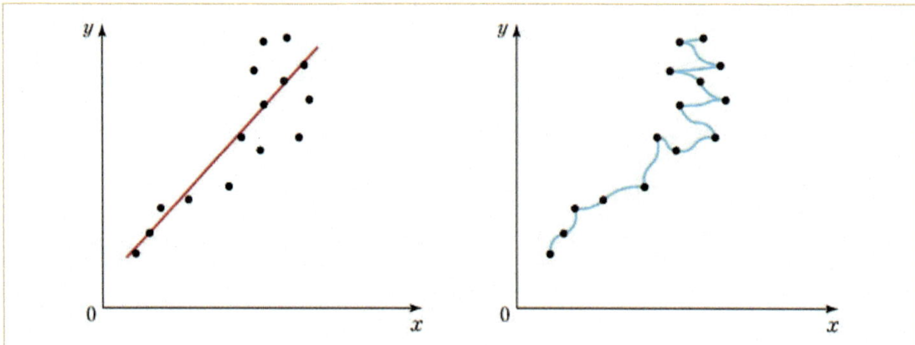

그림 3-18 단순선형회귀분석과 과적합의 예

통상 인공신경망은 물론 전통적인 회귀분석의 목적은 다양한 현상이나 대상에 대한 설명력을 높이는 데 목적을 두고 있어서, 구체적인 사례에 정확도가 높아지면 반대로 일반화 가능성은 줄어들 수밖에 없습니다. 이렇게 인공신경망을 통한 학습과정에서 데이터 오차를 극단적으로 감소시키면 적합도가 높아지지만 실제 사례에 적용하면 오히려 설명력이 줄어드는 문제를 과적합 overfitting이라고 합니다.

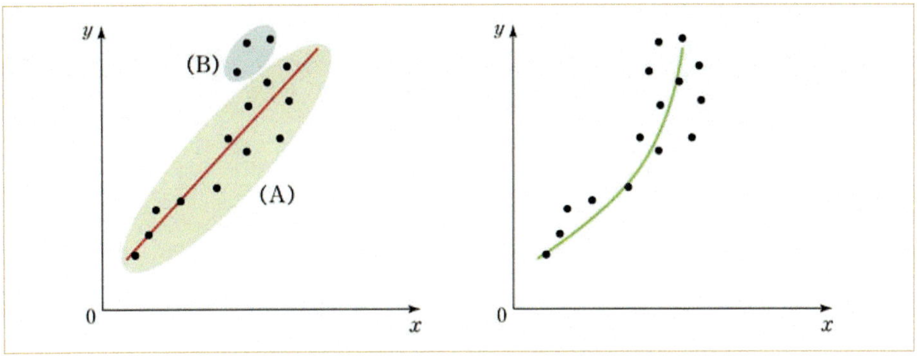

그림 3-19 데이터 분할과 머신러닝의 검증 결과

과적합을 해결하는 방법에는 기계가 훈련 training하는 데이터와 검증 validation, 평가 test하는 데이터를 분리하는 방법이 있습니다. 이를 데이터 분할 data spiliting이라고 합니다. **그림 3-19**와 같이 인공신경망분석에 (A) 데이터를 통해 학습하도록 하고 별도의 (B) 데이터를 통해 평가하면서 과적합을 수정합니다. 예를 들면 전체 데이터 중 70%, 15%, 15%로 나눈 후 70%를 통해 훈련 training을 시키고, 15%로 검증 validation, 그리고 나머지 15%로 최종적인 평가 test 절차를 진행합니다. 모형의 학습 훈련과 검증에는 85%의 데이터만 사용하고 실전에 해당하는 테스트에서는 별도의 15% 데이터를 활용한다는 말입니다. 이렇게 하면 **그림 3-19**의 오른쪽 예와 같이 적절한 복잡도를 가지면서도 설명력은 높은 비선형의 회귀모형 계수를 도출할 수 있습니다.

제 4 장

딥러닝

4.1 CNN(Convolutional Neural Network): **이미지를 벡터로만 바꿀 수 있으면 게임 끝**

인공신경망분석의 목적은 한마디로 '예측'과 '분류'에 있습니다. 복잡한 다변수와 비선형 데이터라도 인공신경망을 통해 예측과 분류 값을 도출할 수 있기 때문이지요. 예를 들어 **그림 4-1**과 같이 몸무게와 키 변수를 중심으로 분포된 오차제곱합이 최소가 되는 직선을 찾는 선형회귀분석과 유사하게, 인공신경망을 통한 분류분석은 오차가 최대인 지점을 찾으면 되니까요. 인공신경망을 통한 분류는 출력층의 값을 확률 probability로 전환하는 원리를 이용합니다. 인공신경망의 예측값($\hat{y}$)을 0에서 1 사이의 값으로 만들면 끝이라는 것이지요.

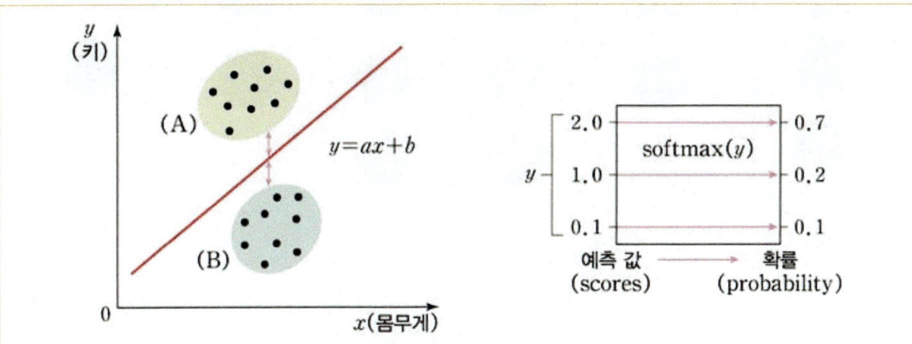

그림 4-1 단순선형회귀 분석과 소프트맥스 함수의 분류 개념

그림 4-1과 같이 키가 큰(A) 집단은 '기린'이고, 몸무게는 비슷하지만 키는 작은 (B) 집단은 '하마'라고 하면, '하마'나 '기린' 중에서 어떤 것이든 무작위로 입력되더라도 인공신경망은 키와 몸무게에 대한 학습을 통해서 하마 또는 기린 여부를 분류할 수 있다는 말입니다. 인공신경망의 결괏값을 예측하는 함수

[$\hat{y} = ReLu(\Sigma wx + b) + s$]의 결과를 최종 단계에서 시그모이드 sigmoid 함수에 넣어주면 0~1 사이의 값을 뱉어주기 때문에 최종적으로 확률적 예측이 가능합니다. 예를 들어 결괏값이 51%이라면 1로 분류하고, 49%라고 하면 0으로 분류한다는 개념이지요. 이렇게 인공신경망이 예측한 값을 다시 한번 확률(%)의 값으로 변환하여 입력데이터가 어느 집단에 속하는지를 분류해 주는 함수를 소프트맥스 Softmax function 함수라고 합니다.

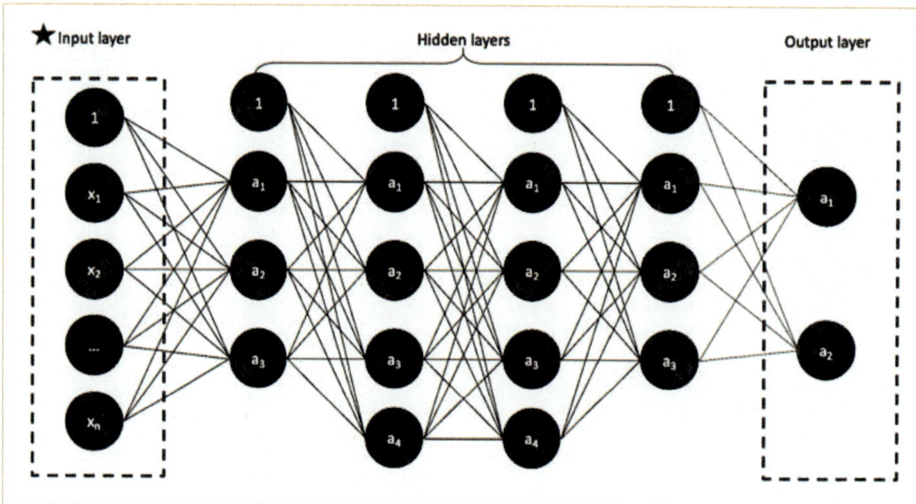

그림 4-2 다층신경망 또는 다층퍼셉트론(multilayer perceptron)
출처 https://www.jeremyjordan.me/convolutional-neural-networks/ (재구성)

한편, 우리가 앞서 공부한 순방향 인공신경망은 **그림 4-2**와 같습니다. 입력, 은닉, 출력층에서 노드들이 모두 연결될 형태이지요(fully-connected layers, Affine 계층). 이러한 연경망을 완전연결된 다층신경망 Multi-layered Neural Network이라고 합니다. 여기서 입력데이터가 사진과 같은 이미지라고 해도 이를 벡터로 전환해서 입력층(★)에 투입할 수 있으면 입력한 이미지가 확률적으로 무슨 내용을 담고 있는지를 분류할 수 있습니다.

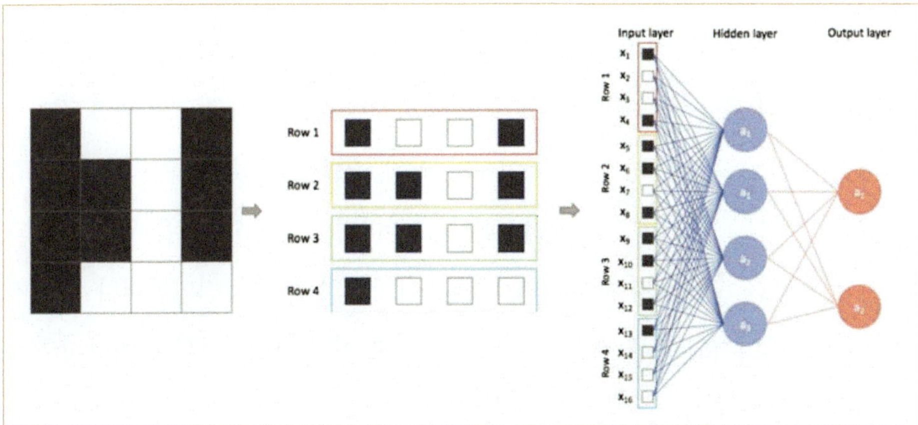

그림 4-3 1채널 이미지 행렬[4 × 4 × 1]의 1차원 벡터 전환

출처 https://www.jeremyjordan.me/convolutional-neural-networks/ (재구성)

한 발 더 들어가서 보면, 여러분의 컴퓨터에 있는 이미지, 즉 디지털 사진을 보면 모두 다 아주 작은 최소 단위인 픽셀 pixel 로 이루어져 있습니다. **그림 4-3**은 색채가 1개인 흑백 채널[4×4×1]의 픽셀 데이터 이미지(숫자: 1)를 다층신경망에 입력했을 때, 인공신경망이 숫자 '1'을 분류하는 과정을 시각화한 것입니다. **그림 4-3**과 같이 가로세로 4픽셀의 흑백(단일 채널) 입력 이미지는 [4×4×1] 행렬이므로 16가지의 벡터값으로 전환하여 인공신경망에 투입하여 분석할 수 있습니다. 그러나 흑백이나 회색의 경우는 단일 채널이지만, 색채가 있는 컬러 이미지는 빨강/초록/파랑색 Red, Green, Blue의 광도에 따라 값이 표기되기 때문에 입력 벡터 데이터는 매우 커집니다. 또 픽셀에서 빛의 세기(흰색이 최고 강도)에 대응하는 값의 행렬에 따라 더 커질 수도 있지요.

4.1.1 다층신경망(Multi-layered Neural Network)의 문제점

이렇게 3차원 매트릭스의 이미지 데이터를 벡터로 전환한 후 인공신경망에 투입하면 입력값들이 무수히 많아지는 문제가 있습니다. 이는 컴퓨터의 연산 작업에 부담과 분석의 효율성을 저해합니다. 또한 디지털 이미지의 3차원 행렬 정보를 1차원의 벡터로 축약하면 애초 이미지의 픽셀 행렬에 있었던 특징적인 공간적 배열정보 spatial arrangement of pixels를 잃어버립니다. 한마디로 다층신경망은 원 raw 데이터의 위상 topology을 고려하지 않고 픽셀 행렬을 1차원의 벡터로 전환합니다. 그래서 최초 3차원 이미지의 픽셀 행렬 데이터가 가지고 있던 특성정보를 반영하지 못하는 문제가 있습니다.

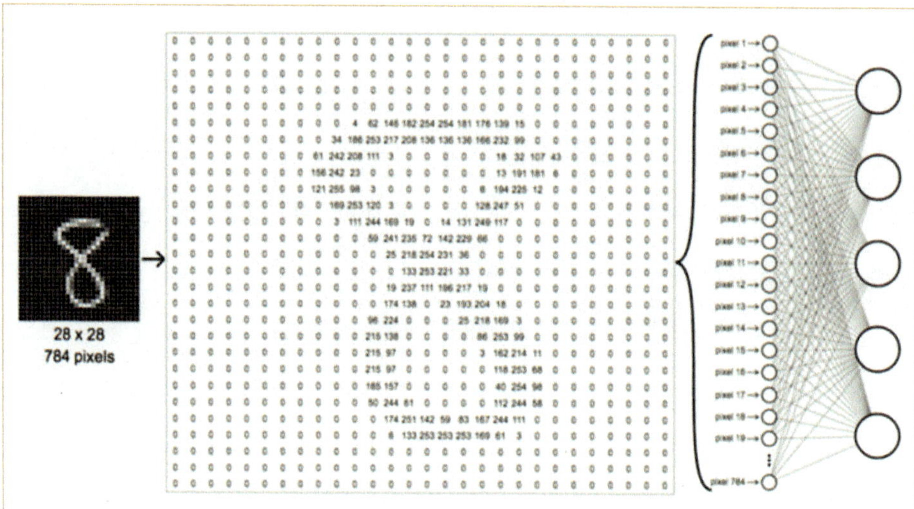

그림 4-4 숫자 이미지 행렬[28 × 28] 데이터의 벡터 전환

출처 https://twoearth.tistory.com/31

그림 4-4와 같이 흑백 숫자 8 이미지를 벡터로 전환하여 다층신경망에 투입한 모형입니다. 이럴 경우 회색 이미지의 행렬이 [28 × 28 × 1]이라면 빛깔 색은 [28 ×

28 × 3] 행렬값(784개의 픽셀)을 가집니다. **그림 4-4**에서 입력 이미지인 숫자 '8'의 행렬을 784개의 벡터로 전환하여 투입한 완전연결 다층신경망은 입력 이미지에 점(.) 하나만 들어가거나 다른 응용된 형태의 숫자가 입력되면 제대로 된 결과를 도출하지 못하는 '과적합문제'를 초래합니다. '8'이란 숫자를 표시한 이미지의 형태가 조금이라도 달라지거나, 글자 위치가 회전되는 등 변형distortion이 일어나면 완전연결 다층신경망은 또다시 새로운 학습 데이터를 넣어 주어야만 하는 문제가 발생한다는 것입니다. 즉 이미지에 대한 분류 연산에 있어서 완전연결 다층신경망은 과적합문제로부터 자유롭지 못합니다. 이미지의 픽셀 행렬 데이터를 벡터로 전환하여 그대로 완전연결 다층신경망에 투입하면 극단적으로 과하게 적합성을 추구하게 된다는 것인데요. 만약 자율주행 자동차의 경우 특정 도로의 신호등만 학습하고 다른 도로의 신호등 이미지를 분류하지 못한다면 큰 사고를 일으키기 때문에 과적합 해결은 여전히 중요한 과제입니다.

따라서 3차원의 이미지 픽셀 행렬 데이터를 벡터로 전환하여 완전연결 다층신경망으로 분석할 때는 ① 입력 벡터 데이터 증가에 따른 연산 부담 ② 3차원 픽셀 공간배열 정보 소실 ③ 과적합 문제를 해결해야 하는 숙제가 있습니다. 이러한 문제를 어떻게 해결해 나가는지를 설명하면서 이번 장에서 본격적으로 공부할 합성곱 신경망CNN: Convolutional Neural Network 개념과 원리를 알아가 보도록 하겠습니다.

4.1.2 CNN의 등장과 개념

앞서 우리는 과적합 문제를 해결하기 위해 데이터 분할data split 방법으로 데이터를 '훈련/검증/테스트train/validation/test'로 일정 비율씩 나누어서 분석하는 방식을 취한다고 했습니다. 예를 들어 완전연결 다층신경망이 고양이 데이터를 분석한다고 하면, 훈련데이터가 너무 고차원적이고 완벽한 적합성을 띄었으면 검증데이터를 통해 다른 고양이들도 분류할 수 있도록(설명력을 높이는 혹은 일반화 적용 가능성을 높이도록) 차원을 낮추는 작업을 진행한다고 했지요? 여기에 힌트가 있습니다.

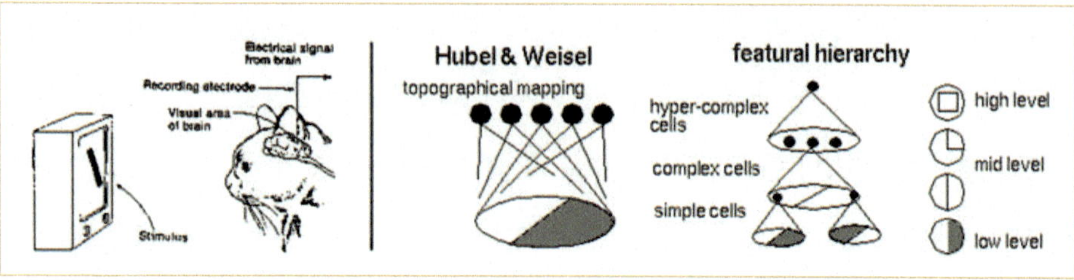

그림 4-5 휴벨과 비젤(Hubel & Wiesel, 1962)의 고양이 실험

출처 https://ml4a.github.io/ml4a/convnets

CNN Convolutional Neural Networks은 이미지의 픽셀 행렬을 벡터로 전환할 때 나타나는 입력값의 증가를 역으로 줄이는 방법으로 완전연결 다층신경망의 문제에 대응합니다. 인공신경망에서 입력 변인의 차원을 줄이는 작업은 신경과학자들의 연구 결과를 토대로 발전하였는데요. 실제 1960년대 초반 신경생리학자인 휴벨과 비젤(Hubel & Wiesel, 1962)은 고양이가 시각적인 정보를 망막을 통해 뇌로 받아들이는 과정에 특정한 패턴이 있음을 실험을 통해 밝혀냈습니다. **그림 4-5**처럼 고양이의 뇌는 일단 먼저 특정한 속성을 갖는 부분(각진 모서리, 갈래 등 특징적 속성)에 반응한 다음에 더 복잡한 뉴런 활동으로 대상물을 감지한다는 것입니다. 이러한 발견은 고양이뿐만 아니라 이후 원숭이 실험에서도 같은 패턴이 나타났다고 합니다.

휴벨과 비젤(Hubel & Wiesel, 1962)의 고양이 뇌의 시각 자극에 대한 반응 실험은 인공신경망 연구자들에게 인사이트를 제공해 주었습니다. 고양이가 시각적 이미지 자극에 위계적(단계적)으로 반응하는 방법은 컴퓨터가 방대한 이미지의 벡터 데이터를 효율적으로 분석할 수 있는 틀이 되었습니다. 즉 이미지 벡터 데이터를 완전연결 형태로 분석하기보다는 특정한 속성을 갖는 부분을 먼저 처리하여 전체적인 특징을 잡아낸 다음, 나머지 불필요한 연결망을 제외하고 다음 단계의 연결망 분석을 진행하여 컴퓨터의 연산 로딩을 크게 줄이기 때문입니다. 또한 전체 이미지의 특정한 속성을 기준으로 시작해서 불필요한 영역은 무시하고 특징이 있는 부분을 좀 더 깊이 들여다보면, 컴퓨터의 분류 연산에 필요한 입력변수를 오로지 주목할 수 있도록 하기 때문에, 전체으로 보면 변수의 차원을 축소하는 것과 같은 효과를 나타냅니다. 이에 따라서 과적합 문제도 자연스럽게 해결할 수 있습니다. 이렇게 고양이가 시각 정보를 받아들이는 과정에서 알게 된 뇌 활성화의 위계적 구조를 이해하면서 인공신경망의 응용 기술인 합성곱신경망 CNN: Convolutional Neural Network이 등장하였습니다.

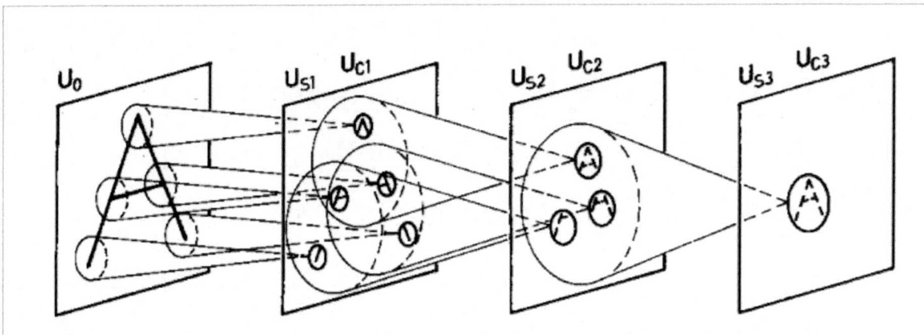

그림 4-6 알파벳 'A'에 대한 신(新)인지신경망(Neocognitron) 적용

출처 Fukushima, 1980, p.198

휴벨과 비젤 Hubel & Wiesel, 1962의 고양이 실험에서 영감을 받은 후쿠시마 Fukushima, 1980는 뇌의 시각피질이 입력된 이미지의 구성적 특성 compositional properties을 위계적으로 받아들이는 절차를 모방하여 신(新)인지신경망 Neocognitron 개념을 고안해 냈습니다.

새로운 인지신경망이란 **그림 4-6**처럼 시각 이미지 입력층에서 출력층까지 각 층이 이전 층의 출력으로부터 특정 패턴을 감지하고, 이를 조합하여 다음 단계의 층위로 보냄으로써 마지막 단계에서 위계적 특성을 가진 최종 결과물을 토대로 입력된 최초의 이미지를 분류한다는 개념입니다. 즉 **그림 4-6**처럼 글자 'A' 모양에서 모서리나 끝부분 등 최초의 이미지에 대한 특성을 조합한 네트워크를 슬라이딩 필터 sliding filter형식으로 단계적으로 추출하여 끝에 가서는 전체적인 특성을 아우르는 신경망을 도출한 것이지요. 하지만 후쿠시마(1980)의 연구발표는 오류역전파 개념이 등장하기 이전이어서 크게 주목을 받지 못하였습니다.

이후 르쿤과 동료들 LeCun, et al., 1998은 일명 'LeNet'을 소개하면서 CNN 개념이 공식적으로 등장하였습니다. 르쿤과 동료들은 사람들이 필기체로 작성한 우편 코드를 경사하강법을 활용하여 99.3%의 정확도로 분류함으로써 CNN의 유용성을 널리 알리는 계기를 마련하였습니다.

이후 많은 컴퓨터 공학자들이 이를 이어 연구를 진행하였는데, 2000년대에 들어서 벤케 Behnke, 2003가 이미지 해석을 위한 위계적 신경망분석 Hierarchical Neural Networks for Image Interpretation이라는 강의노트를 저술로 발간하고 스마드와 동료들 Simard, Steinkraus, & Platt, 2003도 시각자료 분석과 응용을 위한 합성곱신경망 구현방법 Best Practices for Convolutional Neural Networks Applied to Visual Document Analysis을 학술대회에 발표함으로써 CNN은 본격적으로 널리 알려지게 되었습니다.

좀 거칠게 이야기하면 합성곱신경망 CNN: Convolutional Neural Networks은 모든 입력된 데이터를 한 번 훑어봐서 전체를 아우르는 특징 feature을 파악하고, 또다시 훑어서 고차원적인 특징들을 잡아내어 더 깊은 수준에서 입력된 이미지를 분류하는 방법입니다. 마치 고양이가 어떤 이미지 정보를 시각적으로 처리하는 데 있어서 큰 특징적인 부분에 먼저 반응하고 이후에 이를 토대로 그 다음의 높은 수준의 판단을 내리는 것과 유사합니다.

그러면 합성곱 Convolution이란 무엇일까요? 위키피디아 Wikipedia, 2021에 의하면 '두 개의 함수 (f)와 (g)가 있을 때, 그중 하나의 함수를 반전 reverse, 전이 shift시킨다음, 다른 하나의 함수와 곱한 결과를 적분하는 것을 의미한다'라고 정의하고 있습니다. 다소 난해한 정의인데요. 우리는 조금 쉽게 이해해 보겠습니다. 'convolution'이란 영어 단어는 '구불구불한 것'을 뜻합니다. 해부학적인 용어로는 대뇌 표면의 주름을 뜻하는 '뇌회 腦回'로 번역되고, 정보통신 분야에서는 무엇인가 '중첩'된 것, 연결되어 '상승'하는 의미로 쓰이고 있습니다. 이런 의미를 따라가 보면 합성곱 convolution을 조금 직관적으로 정의할 수 있을 것 같습니다. 'convolution'이 무엇인가를 구불구불하게 중첩해서 새로운 무엇인가를 뽑아내는 것을 뜻한다면, 합성곱신경망이란 '이미지의 공간배열 정보를 담고 있는 픽셀 데이터의 행렬을 서로 다른 행렬과 중첩(연산)해서 새로운 값을 뽑아내는 행렬끼리의 연산'이라고 할 수 있습니다.

4.1.3 CNN의 특징과 구조

합성곱신경망 CNN: Convolutional Neural Networks은 입력된 이미지 픽셀의 행렬 데이터를 필터 filter 역할을 하는 새로운 행렬을 이용해서 중첩(합성)해 봄으로써 입력 이미지의 특징에 대한 지도 feature map를 찾아내는 방법을 의미합니다. 마치 고양이가 시각 정보 중 특이한 부분만 훑어 내어 시각 자극물을 지각하는 기준(틀)을 잡듯이, 어떤 데이터를 일종의 거름망처럼 걸러내는 필터로 훑어보기를 반복해서 공간배열의 좌표를 손실하지 않고서도 핵심적인 이미지의 특성을 잡아내는 것입니다. 그렇게 하면 CNN은 애초 이미지 픽셀 데이터가 갖고 있는 공간적 배열 특성 spatial arrangement of pixels을 최대한 활용할 수 있고, 또 노드 간의 연결망 차원을 줄임으로써 과적합 문제를 상쇄할 뿐만 아니라 컴퓨터 학습 연산의 로딩도 줄이면서 이미지 분류의 효율을 높일 수 있습니다.

그렇다면 이와 같은 CNN의 작동 원리는 구체적으로 무엇일까요? 이에 답을 하기 위해서는 먼저 합성곱필터 kernel 또는 convolution filter, 그리고 풀링 Pooling 또는 Sub-Sampling에 대한 이해가 필요합니다. CNN은 이미지 픽셀 데이터의 특성을 합성곱 필터 convolution filter 또는 kernel, window로 추출한 합성곱계층 Convolution Layer과 이렇게 형성한 계층의 데이터를 다시 축소 Sub-Sampling / Pooling한 풀링계층 Pooling Layer으로 구성되어 있습니다. 즉 이미지 데이터에 대한 필터링으로 합성곱계층 Convolution Layer을 만들고 이어서 풀링으로 풀링계층 Pooling Layer을 만든다는 말입니다. 풀링 pooling은 채널을 유지하면서 이미지 데이터에서 공통적으로 쓸만한 것으로 추려내는 방법으로 데이터의 크기를 줄여주는 역할을 합니다. 최대, 최소, 평균 풀링 Max-Min-Average Pooling이 있는데요. 풀링에 대해서는 뒤에서 다시 이야기하겠습니다.

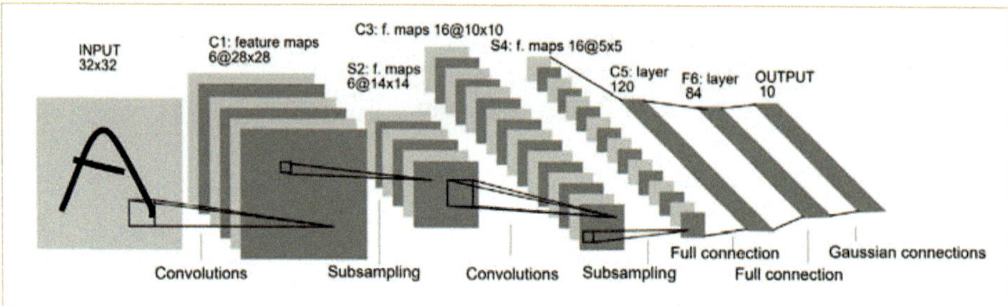

그림 4-7 숫자 인식을 위한 LeNet-5(CNN) 구조도

출처 LeCun, et al., 1998, p.7

합성곱필터 convolution filter는 입력된 이미지 픽셀 행렬에서 특성지도 feature map를 추출하기 위해서 적용되는 행렬을 의미합니다. 일단 전체적으로 **그림 4-7**을 통해 앞

서 소개한 르쿤 LeCun, et al., 1998의 우편코드 필기체에 대한 분석 프로그램인 'LeNet'에서 사용한 필터와 풀링을 살펴보겠습니다. LeNet의 구조를 보면, [32 × 32] 크기로 입력한 이미지의 픽셀 행렬 데이터에 대해 [5 × 5] 필터 convolution filter를 적용하여, [28 × 28] 크기를 갖는 6개의 특징지도 feature map을 생성하고, 이것을 다시 풀링 pooling 또는 sub-sampling을 거쳐 6개의 [14 × 14] 크기의 중간 영상을 만들어냈습니다. 다시 이것에 대해 [5 × 5] 크기의 합성곱 필터를 적용하여 [10 × 10] 픽셀 형식의 특성지도 feature map를 총 16개로 추출한 다음, 또 이를 풀링하여 16개의 [5 × 5] 이미지를 얻은 후 마지막으로 총 120개를 선택하여 완전연결 다층신경망에 투입함으로써 최종적인 10개의 숫자 유형을 분류한 모형입니다. **그림 4-7**의 C1과 C3 단계는 합성곱 필터링으로 얻은 특성지도 feature map(C1: 6개의 특성지도, C3: 16개의 특성지도)를 보여줍니다. C1과 C3의 합성곱 필터링 및 S2와 S4의 풀링 단계를 거치면서 이미지 픽셀의 위상배열 topology 정보를 포괄하면서(이상한 형태의 필기체 숫자를 입력해도) 99.3%의 정확도를 갖는 분류 모형임을 확인할 수 있습니다.

이후 2012년에 크리체프스키와 동료들 Krizhevsky, et al., 2012이 이끄는 토론토 대학팀이 ILSVRC ImageNet Large Scale Visual Recognition Challenge 대회에서 'AlexNet'이라는 심층합성신경망 프로그램으로 이미지 분류 오류를 획기적으로 낮추는 성과를 냈습니다. 이들은 연구 논문을 통해서 단 한 개의 합성곱계층 convolutional layer만이라도 제거하면 신경망의 성능은 -2% 정도로 손실된다고 보고하면서 심층적인 연결의 중요성을 강조했습니다. 이러한 AlexNet의 기념비적인 결과는 딥러닝 deep learning에 관한 관심과 컴퓨터 비전 computer vision 분야에 혁신적인 발전의 토대를 제공했습니다.

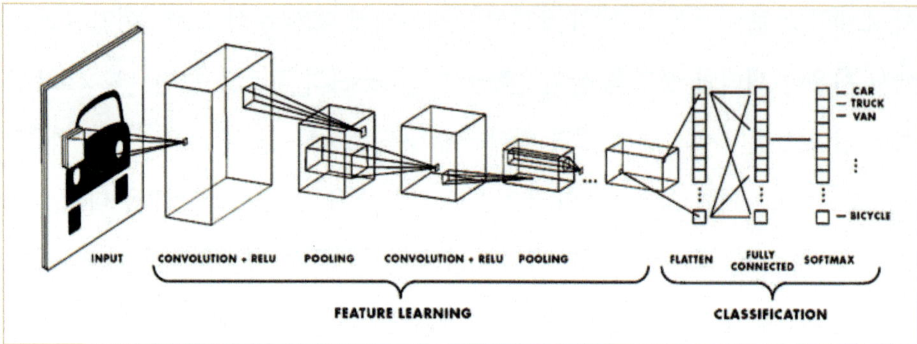

그림 4-8 CNN의 특성학습과 분류 체계도

출처 https://towardsdatascience.com/a-comprehensive-guide-to-convolutional-neural-networks-the-eli5-way-3bd2b1164a53

이렇게 LeNet부터 AlexNet까지 발전을 거듭한 CNN의 전체적인 구조 Common architecture 는 **그림 4-8**과 같습니다. 예를 들어 자동차의 이미지 픽셀 행렬 데이터를 받아들이면, 이미지의 각 부분에서 특출난 속성들의 중요성을 담아낼 수 있도록 하는 부분 영역별로 가중치를 할당하는 필터링과 활성화함수를 조합하고, 또 풀링과정을 거치면서 데이터를 축소한 후 또 다시 합성곱 필터링을 심층적으로 반복함으로써 최종적으로 입력 이미지를 분류하는 딥러닝 알고리즘으로 발전해 왔습니다. 합성곱 신경망 CNN 은 이미지 데이터를 자연스러운 텍스트로 설명해 줄 수 있으며, 도로 위 장애물을 탐색하고 분류할 수 있도록 자율주행 자동차의 기능 등 다양한 분야로 발전하고 있는 기술입니다. 그러나 합성곱 Convolution 이라는 고유의 명칭이 있는 인공신경망에도 불구하고 우리가 앞서 공부한 다층신경망과 크게 다르지 않습니다. 어떠한 대상에 대해 디지털 데이터만 있으면 그 실체를 분류할 수 있는 CNN은 다층신경망의 모든 기능을 계승하되 후쿠시마 Fukushima, 1980 의 신(新)인지신경망 Neocognitron 개념에서 시작한 합성곱계층 convolutional layer 기법을 추가했기 때문입니다.

(1) 합성곱필터 convolutional filter와 합성곱계층 convolutional layer

먼저 앞서 공부한 입력－은닉－출력계층 모두가 완전히 연결된 다층신경망을 잠시 상기해 보겠습니다. CNN은 완전히 연결된 다층신경망과 수학적으로는 유사하지만 시스템 구성 architecture은 다릅니다. **그림 4-9**와 같이 완전연결 다층신경망에서 흑백 이미지 픽셀 행렬[28×28×1]의 입력값($x_{1\sim784}$)과 가중치($w_{1\sim784}$)를 서로 곱한 후 모두 합한 값이 z라고 하면($z=b+\sum wx$), 가중치들($w_{1\sim784}$)의 조합은 입력값들의 속성들을 들어내주는 특성검출기 feature detector와 같습니다. 즉 하나의 이미지를 완전연결 다층신경망으로 가중치들의 조합($w_{1\sim784}$)을 뽑아냈다면, 이는 이미지 데이터 전체의 특성을 보여주는 것과 다르지 않습니다.

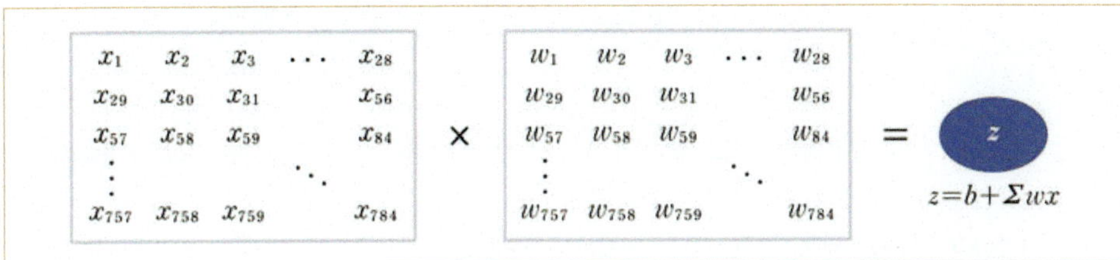

그림 4-9 완전연결 다층신경연결망의 가중치 계산 모형도

CNN에서는 특성검출기 feature detector와 유사한 역할을 합성곱필터 convolutional filters가 합니다. 커넬 kernel과 윈도우 window라고 불리는 합성곱필터 convolutional filters로 추출한 가중치(특성)들의 조합이 합성곱계층 convolutional layer입니다. 구체적으로 합성곱 필터는 전체 이미지 픽셀 데이터 행렬($x_{1\sim784}$)의 하위영역 subregion of the image을 개별적으로 움직이면서 sliding 각각의 영역별로 가중치를 합산 weighted sum operation하는 연산을 수행하여 특성을 뽑아냅니다. 이렇

게 하나의 큰 이미지를 하위 영역으로 나누고 또 영역별로 필터가 특성(가중치)를 합산한 값들을 다시 모아놓으면, 전체 이미지의 특성(가중치)들을 아우르는 그림, 즉 한 이미지 데이터의 특성지도 feature map 또는 activation map을 얻게 되지요. 바로 특성지도의 행렬이 곧 합성곱계층 convolutional layer입니다. 따라서 CNN의 체계 구성의 핵심은 합성곱계층이라고 할 수 있습니다.

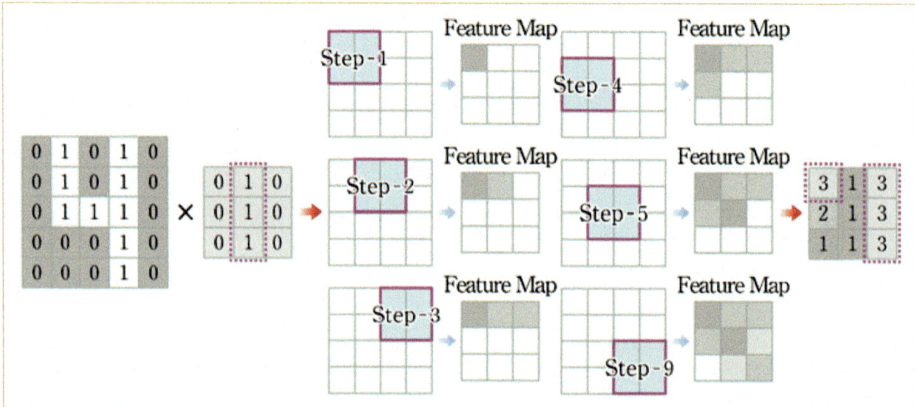

그림 4-10 이미지 픽셀[5×5]과 필터[3×3]의 선형적 합성곱에 따른 특성지도 구성 과정(stride: 1)

CNN에서 특성지도를 만들어내는 합성곱필터 convolutional filters에 대해 좀 더 구체적으로 알아보겠습니다. 앞서 이야기 한 대로 합성곱 convolution은 두 데이터 집합(행렬)을 병합하는 수학적 연산 개념이라고 했습니다. **그림 4-10**처럼 입력 이미지 픽셀 행렬[5 × 5]을 좀 더 작은 행렬[3 × 3] 필터(vertical line 특성을 잡아내는 필터)를 통해서 영역별로 조금씩 움직여 가며 합성곱을 진행합니다. 즉 입력 이미지 데이터[5 × 5]에 대해 합성곱필터[3 × 3]는 일정한 이동 간격(Stride, 그림에서는 1 간격)으로 움직이면서 이미지의 특성지도를 담은 합성곱계층을 만들어냅니다.

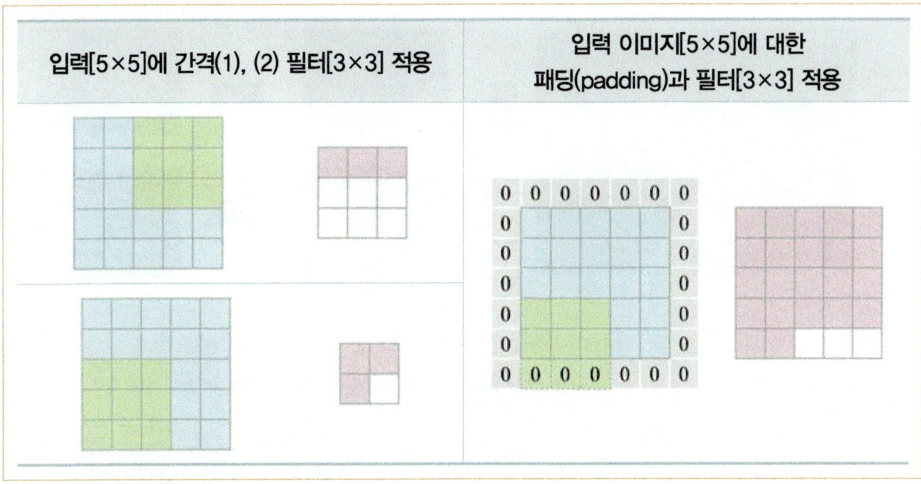

그림 4-11 이미지 픽셀[5×5]에 합성곱 필터 적용의 sub-sampling와 up-sampling 효과

이미지에 대해 합성곱필터링의 간격을 어떻게 하는가에 따라 원래 픽셀 행렬의 크기를 축소 sub-sampling하는 효과를 나타낼 수 있습니다. **그림 4-11**의 왼쪽처럼 필터링 간격 1과 2에 따라 특성지도의 크기는 차이가 있습니다([3 × 3] - 간격1 필터: [5 × 5] → [3 × 3], [3 × 3] - 간격2 필터: [5 × 5] → [2 × 2]). 만약 필터링 이후 입력한 픽셀 행렬 데이터의 치수를 동일하게 유지하고 싶으면 입력 이미지의 픽셀 행렬 테두리에 '0'으로 둘러싸는 패딩 padding 방법을 취할 수 있습니다. **그림 4-11**의 의 오른쪽처럼 원래 픽셀 행렬 [5 × 5]에 패딩과 간격 1 및 필터링 [3 × 3]을 적용하면 입력이미지의 픽셀 행렬 데이터의 크기는 변함이 없습니다(패딩 [5 × 5] → [7 × 7], [7 × 7]에 대한 [3 × 3] 간격1 필터 → [5 × 5]). 이렇게 패딩을 하게 되면 데이터 원본 크기를 유지하거나 더 크게 하는 효과 up-sampling를 나타냅니다.

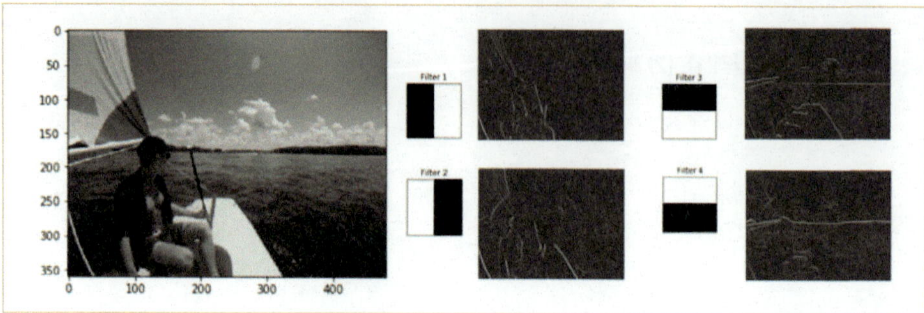

그림 4-12 4가지 유형의 필터에 따른 사진 이미지의 특성추출 예시

출처 https://www.jeremyjordan.me/convolutional-neural-networks/

그림 4-12와 같이 실제 혼자 요트를 타는 사람 self sailing 의 이미지를 합성곱 필터 4개를 통해 특성지도가 각각 어떻게 나타나는지를 보면 좀 더 쉽게 이해할 수 있습니다. **그림 4-12**의 요트 항해 사진의 예처럼 합성곱계층은 여러 개의 필터링 작업으로 구성됩니다. 어떠한 특성을 갖는 필터를 쓰느냐에 따라 원래 이미지의 특성추출 결과는 다르게 나타납니다. 그렇다면 합성곱계층에 필요한 필터의 속성을 어떻게 정해야 할까요? 실제 합성곱 신경망분석에서는 사람이 별도로 필터의 특성을 지정하지 않습니다. 그 대신 인간은 인공신경망이 데이터를 가지고 훈련 training 하면서 최적의 필터를 만들어 낼 수 있도록 컴퓨터의 학습 learn 조건을 매개해 주고 parameterize 필터의 숫자만 지정해 주면 됩니다. 중요한 것은 각각의 필터들이 노드 간의 차원을 축소하면서도 입력된 이미지 픽셀 행렬의 공간적 배열/위치 spatial locations 정보를 함께 가지고 있다는 점입니다.

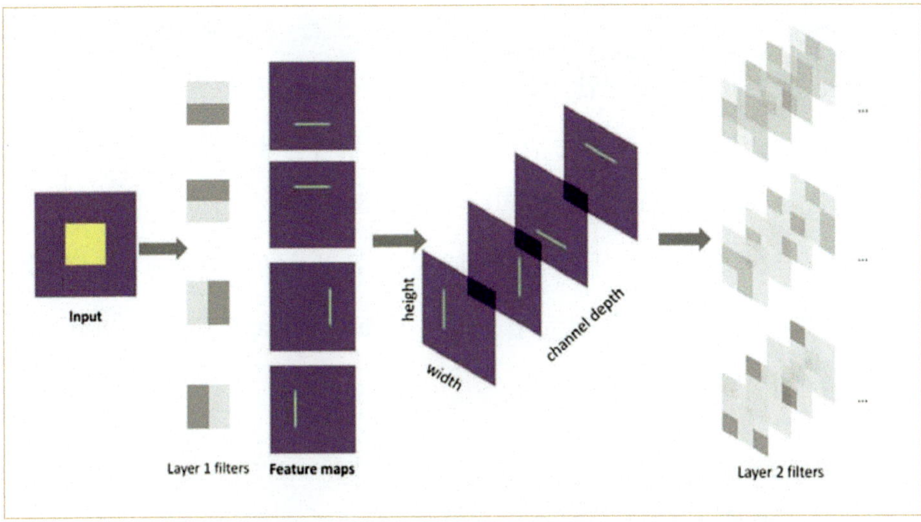

그림 4-13 합성곱 필터 연산에 따른 특성지도의 채널 깊이(depth) 증가 개념도

출처 https://www.jeremyjordan.me/convolutional-neural-networks/

그림 4-13과 같이 이미지 데이터에 대해 여러 개의 필터를 통해서 취득한 특성지도들은 하나의 합성곱계층 내에서 3차원(3D)으로 층층이 쌓을 수 있습니다. 그렇게 함으로써 초기 단계의 합성곱계층에서 일반적인 패턴을 식별하고 이후에는 더 고차원적인 특성을 추출할 수 있게 됩니다.

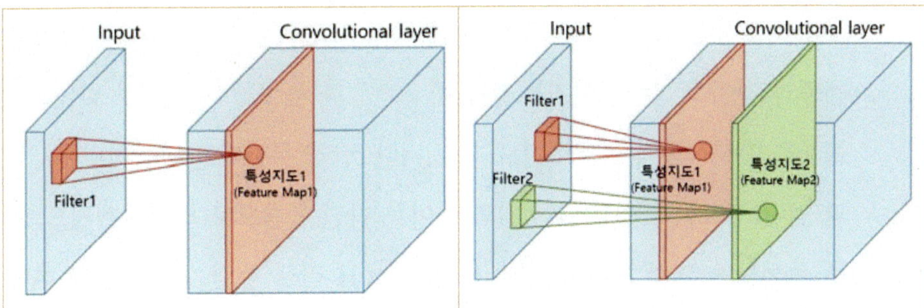

그림 4-14 합성곱 필터 연산에 따른 합성곱계층의 3차원(3D) 구성(1)

출처 https://www.jeremyjordan.me/convolutional-neural-networks/

그림 4-14처럼 여러 필터를 사용하여 그에 따른 개별 특성지도를 함께 쌓아 채널의 깊이를 더한 3D volume 형태의 합성곱계층을 얻을 수 있습니다. 각 특성의 깊이 each depth는 입력데이터로부터 나름대로 해독한 독특한 특성지도를 담고 있습니다. 개별 필터에 따라 특성지도가 합성곱계층에 쌓이지만, 각 필터의 연산에 따른 특성추출은 독립적이기 때문에 합성곱계층 내에서 특성지도들은 서로 별개의 형태(Feature Map1, Feature Map2...)로 존재합니다.

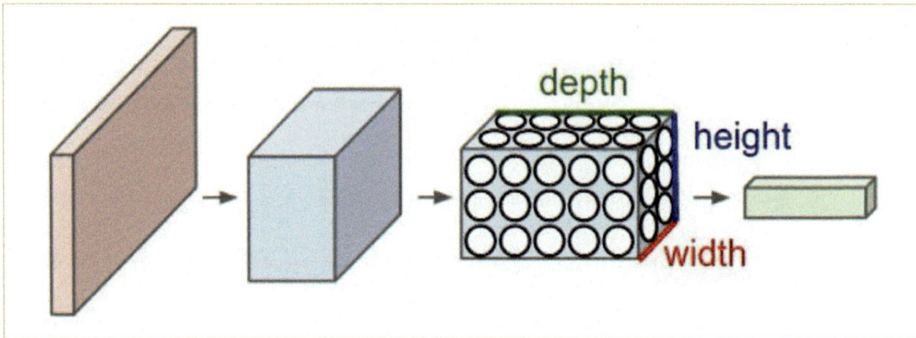

그림 4-15 합성곱 필터 연산에 따른 합성곱계층의 3차원(3D) 구성(2)

출처 https://cs231n.github.io/convolutional-networks/

그림 4-15처럼 합성곱 필터링을 통해 특성지도를 추출하면 할수록 합성곱 계층의 깊이 depth는 깊어지는 반면에 폭 width과 높이 height는 점점 줄어드는 볼륨을 가진 직사각형태로 바뀌게 됩니다. 만약 무한대로 반복하면 폭 width과 높이 height가 각각 1이고 n개의 깊이를 가진 볼륨으로 줄어들겠지요. 예를 들어보면 흑백 원본 이미지 [28×28×1] 픽셀 행렬을 가졌다고 하면, [5×5×1]의 행렬인 합성곱 필터 8개로 훑어 내면 합성곱계층은 [24×24 ×8]의 부피를 가진 볼륨으로 변환됩니다(나중에 데이터 크기를 줄이는

맥스풀링 max-pooling을 하게 되면 [12 × 12 × 8]로 줄게 됩니다). 칼라 이미지도 유사한 방법으로 필터링함으로써 합성곱계층을 만들 수 있습니다.

이렇게 최초 입력한 이미지의 특성을 추출하는 필터링을 계속해 나가면 합성곱계층에 모아진 특성지도들 stacked feature maps은 처음의 이미지와 더는 같지 않게 됩니다. 컬러사진의 경우도 빨강, 초록, 파랑 RGB의 3차원 채널로 표현된 것이 (만약) 20개의 특성검출기 feature detectors, convolutional filters 채널로 특성을 추출하면, 이미지 픽셀의 고유한 정보를 담고 있지만 더는 인간이 알아보기 힘든 매우 높은 수준의 질적인 추상적인 정보 high-level information를 품는다는 말입니다. CNN에서 특성지도 추출을 더 깊이 진행하면 원래의 이미지가 어떻게 변화하는지는 각 합성곱계층에서 특성지도를 하나씩 꺼내어 살펴보면 알 수 있습니다.

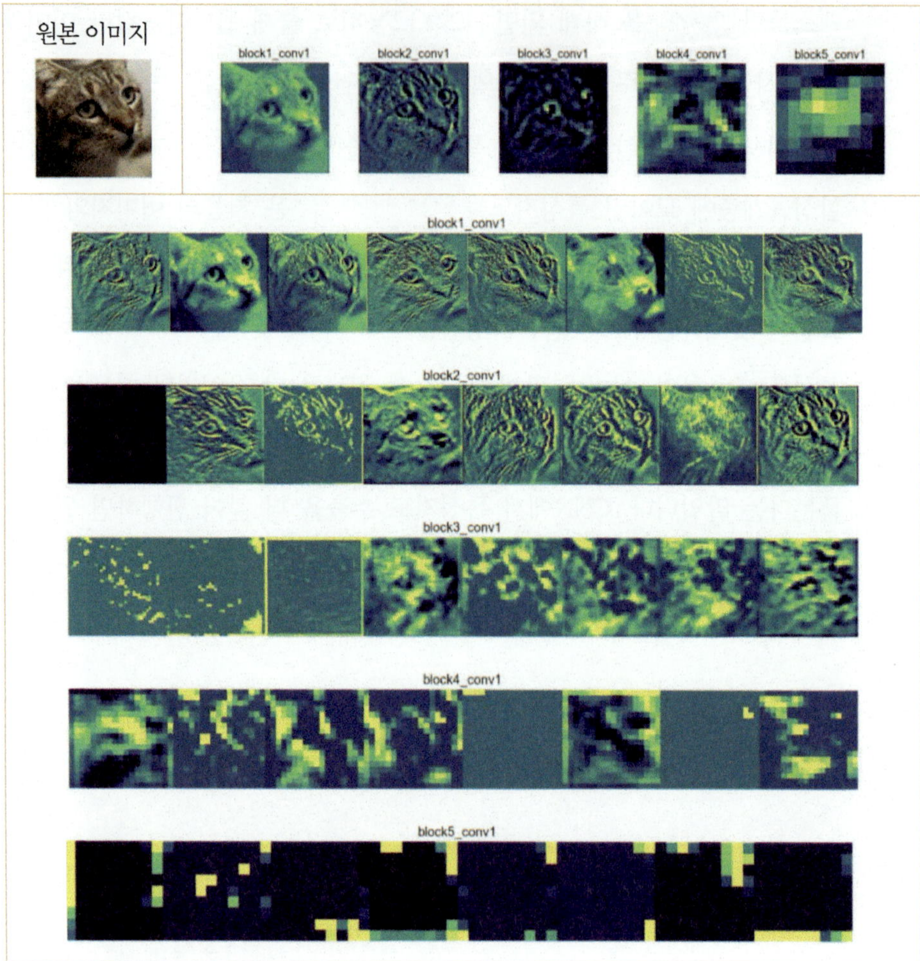

그림 4-16 합성곱계층 증가에 따른 고양이 사진의 특성지도 변화

출처 https://towardsdatascience.com/applied-deep-learning-part-4-convolutional-neural-networks-584bc134c1e2

실례로 **그림 4-16**은 고양이 원본 사진이 합성곱계층1에서 5단계로 가면 갈수록 밝게 활성화된 영역(특성이 포착된)이 더 추상화하고 있음을 알 수 있습니다. 구체적으로 첫 번째와 두번째 특성지도(block1_conv1, block2_conv1)에서는 고양이 사진의 색상과 윤곽을 유지하고 있습니다.

그러나 세 번째 특성지도(block3_conv1)로 넘어가면서 고양이 형체를 인식하기 어렵게 됩니다. 이전 단계에서는 단순히 가장자리나 형태만을 탐지했다면 네 번째 특성지도(도(block4_conv1)부터는 좀 더 높은 차원에서 입력이미지가 고양이의 '코'인지 아니면 개의 '귀'인지를 해독합니다.

더 깊은 합성곱계층의 특성지도는 이미지 형태에 대한 정보는 적게 포함하고 이미지의 클래스(종류나 유형)를 분류하는 정보를 더 많이 담고 있어서, 단순히 인간의 시각으로 애초 이미지를 알아볼 수 없게 됩니다. 다시 말해 이미지에 대한 특성지도가 더 깊이 특성을 감지해 나가면 갈수록 필터는 전체 이미지가 아니라 지역적인 이미지의 특성을 주목합니다. 첫 번째 합성곱계층에서는 필터가 좀 더 큰 범위로 특성을 탐지하기 때문에 고양이 얼굴의 윤곽을 선명히 알 수 있었던 것인데요. 합성곱계층을 더 깊이 배치해 나가면 고양이의 '코' 같은 지엽적인 특성에 집중하기 때문에 최초 이미지의 많은 부분은 공백으로 처리되어(전체적인 윤곽은 사라져) 인간이 시각적으로 인지하기 어려운 단계로 넘어간다는 말입니다. 이것은 마치 인간의 뇌가 정보를 처리하는 절차가 처음에는 이미지 영상의 일반적인 패턴을 식별하고, 이후 단계(계층)에서는 구체적인 특징을 집중해서 해석하는 것과 유사합니다.

(2) 풀링 Pooling과 풀링계층 Pooling Layer

풀링 pooling은 합성곱필터 convolutional filter와 마찬가지로 특성지도의 크기를 줄이는 역할을 합니다. 고차원적인 특성을 담고 있는 특성지도를 풀링으로 그 크기를 줄이면 풀링계층 Pooling Layer이 됩니다. 풀링을 통해 특성지도의 차원 축소하면 dimensionality reduction, 컴퓨터 연산 부담을 줄여줄 뿐만 아니라 지배적인 특성들에 더 집중하여 특징들을 분석으로써 모형의 효과성을 높입니다. 풀링 방법은 최대풀링 Max Pooling과 평균 풀링 Average Pooling이 있습니다. 최대풀링은 합성곱필터가 추출한 특성지도의 특정 부분에서 최댓값을 뽑아 풀링계층에 전달합니다. 평균풀링은 최대풀링과 유사하지만 최댓값이 아닌 평균값을 뽑아내는 방법입니다. 최대풀링은 데이터 차원을 축소하는 과정에서 일종의 잡음을 제거하는 효과 Noise Suppressant를 나타내지만 평균풀링은 단순한 차원축소의 개념이 강합니다. 그래서 최대풀링이 평균풀링보다 분석의 효율성이 높다고 할 수 있습니다.

합성곱계층 이후에 풀링계층이 이어지는 것이 일반적입니다. 풀링은 합성곱계층이 있는 특성지도의 깊이 depth는 그대로 놔두고 데이터 행렬의 폭과 높이를 개별적으로 줄여줍니다. 특정한 속성이나 기준값을 가진 합성곱필터와 다르게 풀링은 특정 변수 parameters가 아닙니다. 단지 하나의 필터나 창 window처럼 합성곱계층의 특성지도를 훑어가며 최댓값(또는 평균값)을 단순하게 뽑아내는 역할을 합니다. 이렇게 하여 데이터의 변수 크기를 줄여주면 인공신경망의 연산속도가 높아지고 또 과적합 overfitting 문제에도 대응할 수 있습니다.

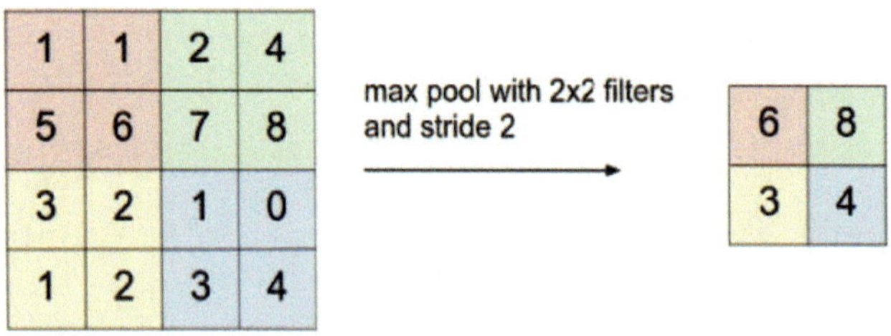

그림 4-17 [2×2]필터와 간격2의 최대(max) 풀링 결과

출처 https://cs231n.github.io/convolutional-networks/

일반적으로 풀링은 특성지도의 최대값들을 추출하는 효과성을 고려하여 최대풀링 방법을 많이 씁니다. 통상 [2×2]의 행렬 필터로 특성지도의 차원을 축소합니다. **그림 4-17**은 [2×2] 필터와 간격 2의 방법으로 최대풀링한 결과를 나타내주는 예입니다. 합성곱의 슬라이딩 간격을 2로 하여 차원을 축소하는 과정에서 각각의 색상별 부분 행렬의 계산 값들은 서로 중첩되지 않으면서 영역별 최댓값을 추출하는 결과를 보여줍니다. 통상 CNN 아키텍처에서 풀링은 [2×2]의 필터와 패딩없이 슬라이딩-2 보폭을 쓰고, 합성곱필터링은 [3×3]의 필터와 패딩과 함께 슬라이딩-1 보폭을 주로 사용합니다.

풀링의 장점은 이미지 데이터의 정보를 손실하지 않으면서 크기를 압축함으로써 원본 데이터의 특성을 고차원적으로 축약한 계층을 생성하는 데 있습니다. 하지만 앞서 공부한 합성곱필터의 슬라이딩 보폭을 1에서 2로 늘리면 파라미터를 줄이기 때문에 'sub-sampling' 효과가 동시에 나타난다고 할 수 있습니다. 이런 이유로 풀링계층에 대한 인기가 예전만 못하지만, 여전히 CNN을 구성하는 계층으로 유용합니다.

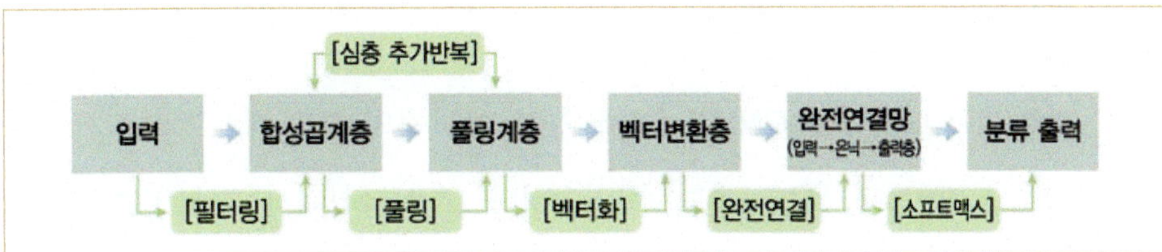

그림 4-18 CNN의 이미지 분석을 위한 계층별 구성과 기능

그림 4-18은 CNN의 이미지 데이터를 분류하는 전체적인 단계를 계층과 기능 중심으로 제시해 주고 있습니다. 앞서 우리가 공부한 합성곱 필터링

을 통한 합성곱계층의 형성, 이후 풀링을 통한 풀링계층으로 이미지 데이터의 차원을 축소하면서 특성지도를 고차원적으로 추출하는 단계를 거칩니다. 그렇게 얻은 합성곱계층과 풀링계층은 모두 3차원[3D] 부피를 갖는 매트릭스 데이터입니다. 이를 완전연결 인공신경망에 투입되기 위해서는 풀링계층의 데이터를 받아서 1차원[1D] 벡터로 전환[flatten]해야 하는데요. 입력된 행렬데이터를 벡터로 전환만 하면, 앞서 우리가 공부한 인공신경망을 통해서 최초 입력한 이미지의 최종적인 특성을 예측하는 소프트맥스함수(시그모이드)로 입력된 이미지를 확률적으로 분류하는 방식을 취합니다.

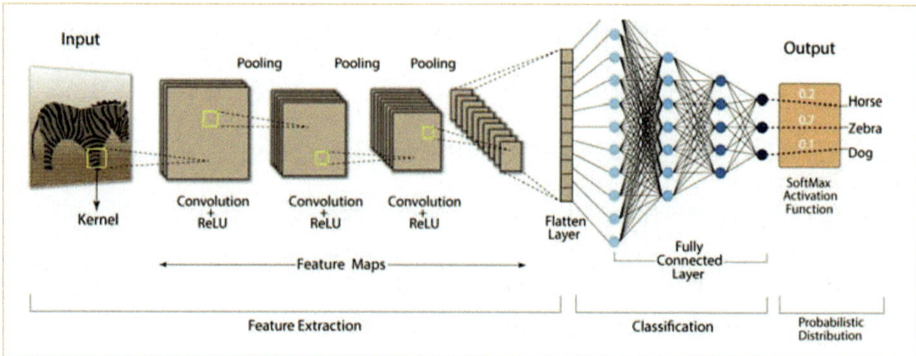

그림 4-19 얼룩말 이미지에 대한 CNN의 단계별 분석체계도

출처 https://www.analyticsvidhya.com/blog/2021/05/20-questions-to-test-your-skills-on-cnn-convolutional-neural-networks/

그림 4-19와 같이 CNN은 크게 입력 이미지의 특성추출[feature extraction]과 분류[classification]단계로 구분할 수 있습니다. CNN분석에서 그 무엇보다 특성을 추출하는 합성곱계층의 역할이 중요합니다. 컴퓨터연산을 통해 입력 사진의 특성을 제대로 파악하는 일이 인간처럼 쉽지 않기 때문이죠. 예를 들어 주어진 '얼룩말' 사진 이미지의 특성을 추출하는 합성곱계층과 풀링계층은 말의 눈, 귀, 다리, 피부색, 꼬리 등에 대한 특성을 종합적으로 추출한

후 모든 값을 벡터로 전환하여 완전연결 인공신경망에 입력해줌으로써 확률적인 차원에서 입력한 사진이 일반 말이 아니라 '얼룩말'인지를 최종적으로 분류해 주는 것이지요. 풀링계층으로부터 벡터화해서 입력받은 데이터에 대한 완전연결 인공신경망은 앞서 우리가 공부한 바와 동일하게 오류역전파와 최적화 기법을 통해서 입력데이터가 어떠한 유형에 속하는지를 예측합니다.

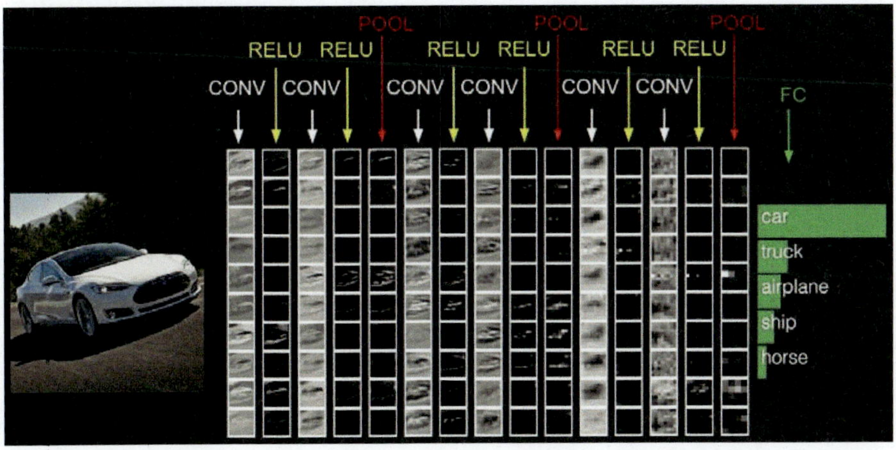

그림 4-20 자동차 이미지에 대한 CNN의 분석 단계별 픽셀 변화

출처 https://www.analyticsvidhya.com/blog/2021/05/20-questions-to-test-your-skills-on-cnn-convolutional-neural-networks/

최근의 CNN은 합성곱필터로 도출한 특성지도에 활성화함수 ReLu를 조합하여 합성곱계층의 분석 성능을 높이고 있습니다. **그림 4-20**의 자동차 이미지에 대한 CNN분석의 예처럼 합성곱과 ReLu함수의 연산으로 특성지도를 쌓아 합성곱계층을 만들어 풀링계층으로 전달하는 방법이 일반적입니다. 이러한 합성곱계층(필터링, ReLu연산)과 풀링계층은 시각적인 이미지 데이터에 고차원적인 공간적 특성정보를 담은 수준까지 반복하다가 이후 완

전연결 인공신경망을 통해 분류 유형별 확률적 통계치를 도출하는 패턴을 따릅니다. 이렇게 입력된 자동차 이미지의 픽셀 행렬 데이터의 공간적 배열특성을 유지하면서 더 깊이 있는 특성을 탐색함으로써 애초 입력된 사진이 예를 들면 'truck'이 아니라 'car'라는 것을 수준 높은 확률로 분류해 주는 것입니다.

기본	[입력] → [[합성곱→ReLu]×N → 풀링]×M → [FC → ReLu] → [FC]
응용	[입력] → [합성곱→ReLu→합성곱→ReLu→풀링]×3 → [FC→ReLu]×3 → [FC]

위 수식은 CNN에서 입력부터 완전연결 인공신경망까지 합성곱과 ReLu함수의 구성 패턴을 나타내고 있습니다. FC는 Fully Connected ANN을 의미하고 M과 N은 반복 횟수를 뜻합니다. 기본적으로 합성곱과 ReLu 함수의 조합을 N번 반복한 후 차원을 축소하는 풀링 작업을 진행하는 것이 좋습니다. 좀 더 심층적으로 데이터의 특성을 추출하고 차원을 축소하는 풀링 작업을 하면 데이터 손실 없이 더 깊이 있는 정보를 탐색할 수 있기 때문이지요. 응용수식의 경우도 입력 데이터의 특성지도를 도출하기 위해 합성곱과 ReLu함수 조합을 두 단계에 걸쳐 탐색[합성곱 → ReLu → 합성곱 → ReLu]한 후 이를 풀링하여 축소하는 작업을 3번 반복한 것이고요. 이후 완전연결 인공신경망 분석도 사전에 3회의 걸쳐 ReLu함수로 더 깊이 있게 특성의 연결가중치를 살핀([FC → ReLu] × 3) 후에 최종적인 분류의 확률값을 도출하는 네트워크 형태를 보여주고 있습니다.

전체적으로 보면 CNN은 입력된 이미지의 픽셀 행렬 데이터를 필터 convolutional filter와 풀링 pooling이란 방법으로 데이터의 위상배열 topology 정보를 손실하지 않으면서, 고차원적으로 정보를 축약하여 총괄적인 데이터의 특성지도 feature map를 추출함으로써 필요한 완전연결 인공신경망의 입력 벡터를 얻는 과정이 핵심입니다. 이후에는 완전연결 네트워크의 연산과 마지막 단계의 소프트맥스 함수로 입력한 이미지가 어떤 물체인지를 확률적으로 분류해 주는 절차를 따르는 것뿐이지요. 따라서 우리가 앞서 배운 인공신경망이라도 합성곱계층 convolutional layer을 하나라도 갖고 있으면 CNN이라고 할 수 있습니다. 이미지를 행렬 데이터로 입력하고 필터링과 활성화함수 ReLu를 통해 특성지도를 추출하고, 또 풀링 Pooling 작업을 통해 데이터의 차원을 축소하는 절차를 심층적으로 반복하여, 완전연결 인공신경망의 분석과 동일한 절차로 이미지를 분류한다는 것을 보면, 이미지 데이터의 특성추출을 위한 합성곱 convolution의 중요성을 알 수 있습니다. 그래서 ANN과 달리 CNN이라는 고유 명칭을 쓰는 것 같습니다.

4.2 RNN과 LSTM

우리는 앞서 합성곱 convolution 개념을 중심으로 인공지능이 '이미지'를 어떻게 분석하는지를 살펴봤습니다. 이번에는 인공지능이 '시계열적인 데이터'를 어떻게 분석할 수 있는지를 알아보겠습니다. 구체적으로 컴퓨터가 인간이 사용하는 언어를 이해하고 분석하는 기술을 '자연어 처리'라고 하는데요. 이번 절에서는 자연어 처리를 포함해 순차적 데이터의 속성을 고려하여 고차원적인 분석을 할 수 있는 RNN RNN: Recurrent Neural Networks과 LSTM LSTM: Long Short-Term Memory에 대해 공부하겠습니다.

4.2.1 RNN

먼저 CNN이 'convolution'을 적용한 개념이었다면, RNN은 'Recurrent'를 적용한 개념입니다. RNN Recurrent Neural Networks에서 'recurrent'는 '되풀이되는', '반복되는', '재발되는' 뜻이 있습니다. 그래서 RNN을 순환신경망이라고 합니다. RNN은 인공신경망의 한 종류이지만 분석과정에 시간적 순차성에 의존적인 데이터 sequential data를 잘 다룰 수 있습니다. 순차적으로 입력되는 정보를 분석하는 과정에서 이전에 쌓였던 정보를 끊임없이 갱신하여 인공신경망에 반영하는 구조를 가집니다. RNN은 Vanilla RNN 또는 Simple RNN이라고도 합니다. 여러분이 맛보았던 바닐라 아이스크림 맞습니다. 가장 기본적인 아이스크림 맛이 바닐라이기 때문에 RNN의 단순한 simple 형태를 바닐라 RNN이라고 합니다.

RNN에 대해 본격적으로 알아보기 전에 시퀀스모형(순차배열모형[3]): Sequence model)을 살펴볼 필요가 있습니다. 큰 의미에서 시퀀스모형은 데이터를 연속적으로 배열하여 입력하고 또 출력하는 모형을 말하기 때문에 RNN도 이에 속합니다. 연속적인 데이터를 분석하는 스퀀스모형은 음성인식 Speech Recognition, 감성분류 Sentiment Classification, 비디오 활동인식 Video Activity Recognition 등이 있습니다. 음성인식에 대한 시퀀스 분석이란 사람이 연속적으로 말하는 오디오 데이터를 순차적인 텍스트 형태로 변환하는 것을 말합니다. 감성분석이란 사람들이 영화감상평 등과 같이 연속적으로 입력된 댓글을 정서적 단계로 범주화해주는 것을 말합니다. 비디오 활동인식은 연속적인 동영상 입력데이터 내에서 주체가 어떤 활동(달리기 등)을 하고 있는지 분석하는 것을 말합니다. 이처럼 시퀀스모형은 대부분 입력과 출력값이 연속적인 배열 형태를 띠지만 입력층 또는 출력층에만 시퀀스형태를 띠기도 합니다.

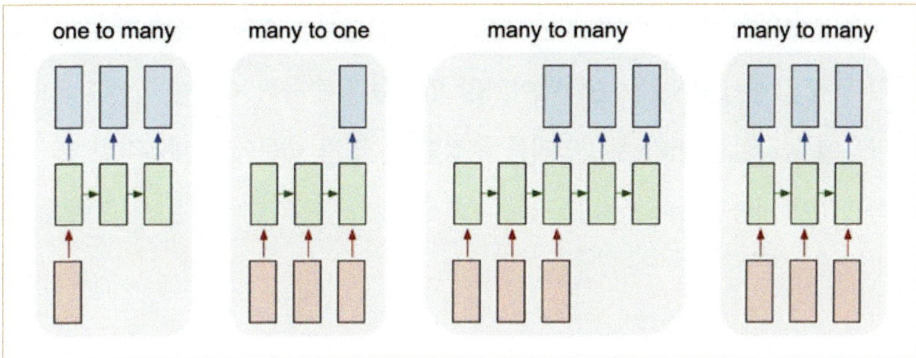

그림 4-21 시퀀스 유형별 RNN 분석 개념도

출처 http://karpathy.github.io/2015/05/21/rnn-effectiveness/

3) 'Sequence models'에 대한 합의된 명칭은 없습니다. 저자들은 sequence가 어떤 행동, 대상을 순서대로 혹은 연속하여 배열한다는 사전적 의미를 토대로 '순차배열모형' 또는 그냥 '시퀀스모형'이라고 했습니다.

그림 4-21처럼 RNN은 시퀀스와 입력형태에 따라 유형을 나눌 수 있습니다. RNN 모형은 밑에서부터 입력, 은닉 은닉, 출력계층을 말하는데, 첫 번째 One-to-Many 시퀀스는 입력된 이미지를 캡처하여 단어 문장을 출력하는 데 유용합니다(예, Image Captioning), 두 번째 Many-to-One 시퀀스는 입력 문장을 긍정이나 부정 등의 감정으로 표현하여 출력하는 데 유용합니다(예, Sentiment Classification). 세 번째 Many-to-Many 유형은 순서대로 들어오는 입력값을 분석하여 순차적으로 출력해 주는 통역이나 번역에 적절합니다(예, Machine Translation). 네 번째 Many-to-Many 유형은 동기화된 synced 시퀀스 형태의 입력과 출력을 제공하기 때문에 입력 영상 프레임별로 라벨을 부착하고 분류하는 데 적절합니다(예, Video Classification on frame level).

그러면 좀 더 구체적으로 RNN에 대해 알아보겠습니다. RNN은 시간적인 흐름에 따라 입력된 텍스트 데이터를 가지고 단어와 같은 글자를 예측하는 언어모형 language model 이자 하나의 문자 차원의 언어모형 Character-level Language Model 이라고도 할 수 있습니다. 자연어 처리 NLP: Natural Language Processing 에 많이 쓰이는 인공신경망의 한 유형인 RNN Recurrent Neural Network 은 시퀀스 데이터분석에 특화된 심층학습 알고리즘입니다. 그래서 RNN은 입력데이터의 연속성과 순차적 속성을 기억함으로써 그다음에 등장할 언어가 무엇인지를 추정할 수 있기 때문에 시계열적인 time series 예측분석이 가능합니다.

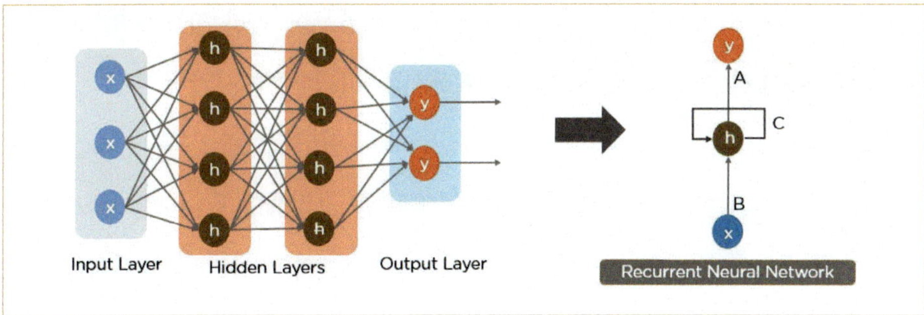

그림 4-22 순전파 인공신경망(Feed-Forward Neural Networks)과 RNN

출처 https://www.simplilearn.com/tutorials/deep-learning-tutorial/rnn

그림 4-22는 앞서 우리가 공부한 순전파 인공신경망과 RNN의 구조의 차이를 보여 주고 있습니다. 보시는 바와 같이 입력(x) - 은닉(h) - 출력(y)계층 구성은 같습니다. RNN에서 다른 것은 RNN에서 입력 - 은닉 - 출력계층의 노드들이 모두 하나의 노드로 축약되고, 입력에서 은닉층으로 가는 B, 은닉층에서 출력계층으로 가는 연결망 매개변수 parameter A가 있다면, 은닉 계층에 재귀적(연속적, recurrent) 파라미터인 C가 존재한다는 점입니다.

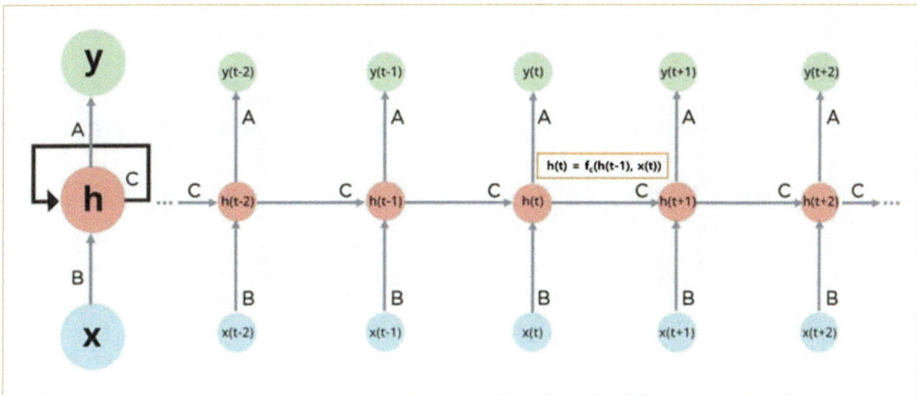

그림 4-23 RNN 구조와 특정 시점(t)에서의 h(t)함수식

출처 https://www.simplilearn.com/tutorials/deep-learning-tutorial/rnn

시퀀스[sequence]가 있다는 말은 어떤 순차적 시간의 흐름에 따라 정보가 입력된다는 말이지요. 그래서 **그림 4-23**과 같이 RNN에서는 시점[time]과 시간적 흐름[sequence]이 중요합니다. 논리적으로도 어떠한 한 시점(t)에서 입력정보(말, 문장, 텍스트 등)에 따른 해석결과는 바로 직전 시간(t-1)의 맥락을 고려해야 합니다. 이렇게 이전의 입력된 정보를 기억하는 수준을 은닉상태[hidden state]라고 합니다. 그래서 어떠한 시점(t)에서 입력한 값(x)은 이전 시간의 은닉상태에서 끌고 온 값[$h(t\text{-}1)$]의 함수[$h(t)=f_c(h(t-1),x(t))$]로 예측할 수 있습니다.

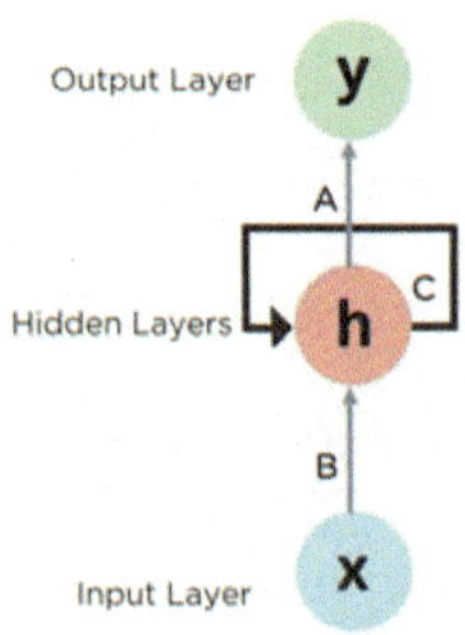

$$h_t = f_w(h_{t-1}, x_t)$$
$$\Downarrow$$
$$h_t = \tanh(w_{hh}h_{t-1}, w_{xh}x_t)$$
$$y_t = w_{hy}h_t$$

그림 4-24 RNN 구조와 특정 시점(t)의 은닉(h_t) 및 결괏값(y_t) 계산식

출처 https://www.simplilearn.com/tutorials/deep-learning-tutorial/rnn

그림 4-24는 활성화 함수(f_c)를 tanh로 투입한 특정 시점(x)에서 은닉층의 값(h_c)과 결괏값(y_t)에 대한 계산 공식을 보여주고 있습니다. tanh함수 계산으로 은닉층의 h_t는 특정 시점의 입력값(x)에 대한 예측값(y)을 출력하는 동시에 다음 입력값을 해석하는 맥락적 정보, 즉 은닉상태[hidden state]의 값으로 다시 투입되어 연속적인 데이터 분석의 힘을 유지합니다. 이렇게 RNN은 순전파 인공신경망에서 다루지 못하는 시퀀스 데이터를 다룰 수 있습니다. 완전연결 인공신경망에서는 데

이터의 순차성을 고려하지 못하고 단순히 현재 입력된 데이터만 처리할 수 있었지만, RNN은 현재의 데이터를 처리하는 데 있어서 이전에 처리된 결과를 다시 입력값에 반영함으로써 순차적인 특성을 갖는 데이터를 분석할 수 있습니다. 좀 더 예를 들어 살펴보겠습니다. 우리가 이미 영어 수업 시간에 배웠던 8가지 품사(명사: noun, 대명사: pronoun, 동사: verb, 형용사: adjective, 부사: adverb, 전치사: preposition, 접속사: conjunction, 감탄사: interjection)를 RNN이 어떻게 분류 POS(Part of Speech) tagging하는지를 예를 들어서 알아보겠습니다.

그림 4-25 영어 단어 품사 분류(POS tagging)에서 시퀀스의 중요성(google, work 단어 사례)

출처 https://www.youtube.com/watch?v=PahF2hZM6cs

그림 4-25와 같이 만약 'I google at work'이란 문장을 줬을 때, 우리는 직관적으로 'I'라는 대명사 다음에 동사가 오기 때문에 'google'이란 단어는 '구글로 검색한다'는 동사 verb임을 유추할 수 있습니다. 반대로 'I work at google'이라는 문장을 보면 'google'은 전치사(at) 다음에 왔기 때문에 직장을 의미하는 명사 noun임을 알 수 있습니다. 'work' 또한 주어진 문장의 앞뒤 단어의 품사가 무엇인지에 따라 명사가 되기도 하고 동사가 되기도 합니다. 이렇듯 'goole', 'work'와 같은 단어들의 품사는 주어진 문장구조에서 앞뒤 단어들이 어떠한 속성을 가지고 배열되어 있는가를 sequence 살펴서 추론한 결과입니다. 마찬가지로 RNN은 입력된 단어들의 순차적인 배열 속성(맥락)을 고려하여 결괏값을 예측하는 모형입니다.

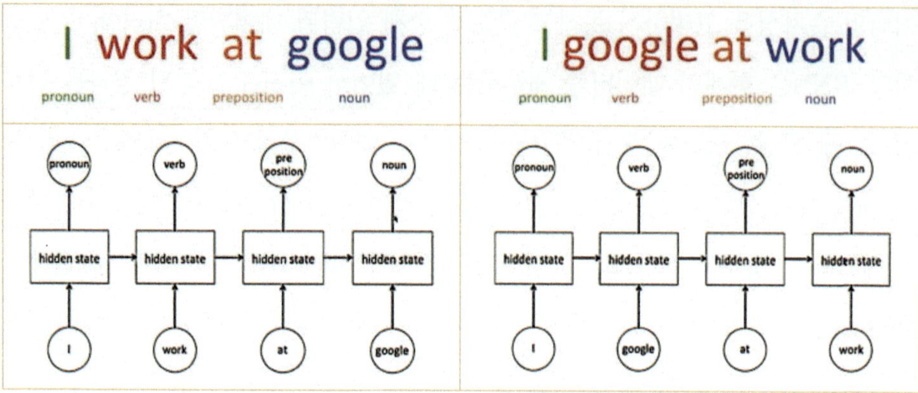

그림 4-26 RNN의 단어 품사 분류(POS tagging) 개념도

출처 https://www.youtube.com/watch?v=PahF2hZM6cs

그림 4-26은 'google'과 'work' 단어가 명사와 동사로 쓰이는 맥락을 RNN모형에 대입한 것입니다. 왼쪽 셀의 'work'는 대명사 'I' 다음에 오기 때문에 은닉상태(hidden state: 품사의 위치에 대한 학습 가중치, 대명사 다음 동사 위치 등)의 순차적 배열 가중치에 영향을 받아 동사로 품사를 분류한 것이고, 'I work at' 다음에 있는 'google' 또한 앞선 단계에서 순차적으로 연결된 (은닉상태) 가중치를 고려해서 'I work at' 다음의 'google' '명사'라고 분류한 것입니다.

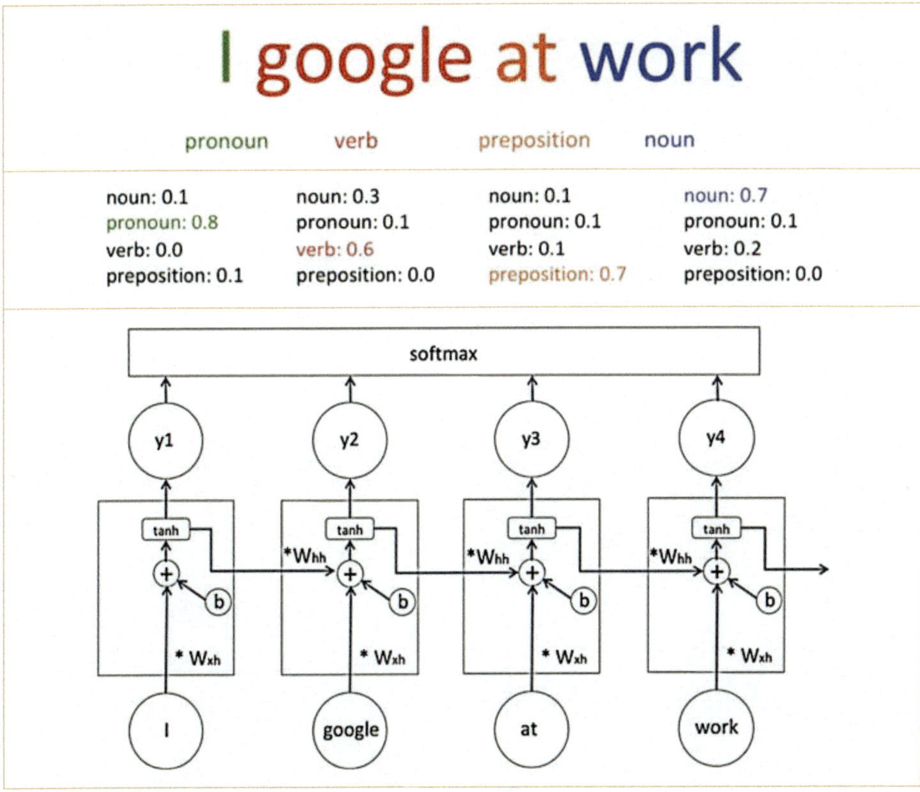

그림 4-27 RNN의 영어 단어 품사 분류(POS tagging) 체계도(google 단어 사례)

출처 https://www.youtube.com/watch?v=PahF2hZM6cs

그림 4-27은 은닉상태 hidden state를 h로 표시하고 입력값을 x로, 출력을 y, 그리고 중요한 두 가중치를 반영한 RNN의 품사 분류 체계도입니다. 중요한 가중치는 입력(x)에서 은닉상태(h)로 가는 w_{xh}가 있고 이전 단계의 은닉상태에서 오는 w_{hh}입니다. **그림 4-27**의 입력 x_2(입력단어: google)의 위치에서 보면 x_2 입력값과 가중치의 곱인 '$w_{xh}x_2$'이고, 앞선 은닉상태(h-1)에서 현재의 은닉상태(h)로 연결된 가중치w_{hh}이 곱인 '$w_{hh}h_{t-1}$'입니다. 이렇게 $w_{xh}x_2$와 $w_{hh}h_{t-1}$를 더함으로써 현재 입력된 단어인 'google'를 해석하는데 있어서 은닉상태(h-1)를 고려하

게 됩니다.

품사를 분류하는 **그림 4-27**을 계속해서 보면, RNN의 최종적인 단계는 소프트맥스 softmax 함수를 반영하여 입력한 값이 확률적으로 어디에 속하는지를 예측합니다. 구체적으로 단어가 4개이므로 'I'가 대명사 pronoun일 확률은 80%이고, 'google'이 동사 verb일 확률은 60%, 'at'이 전치사 preposition일 확률은 70%, 'work'가 명사일 확률 또한 '70%'로 예측하고 있음을 알 수 있습니다.

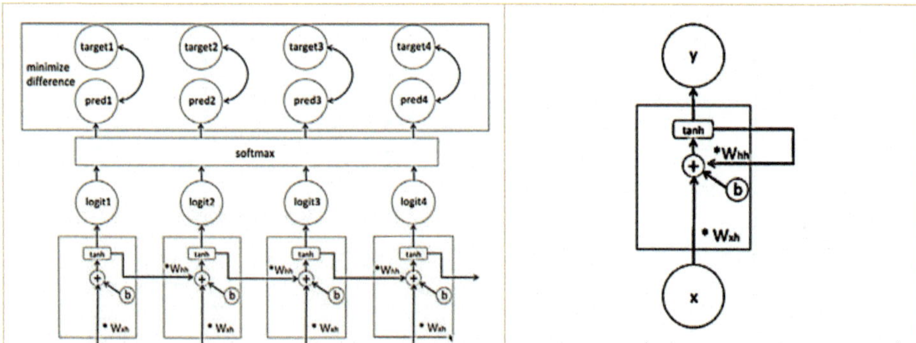

$$h_t = \tanh(w_{xh}x_t + w_{hh}h_{t-1} + b)$$

그림 4-28 영어 단어 품사 분류(POS tagging)에서 시퀀스의 중요성(google, work 단어 사례)

출처 https://www.youtube.com/watch?v=PahF2hZM6cs

RNN의 학습 learning 또한 앞서 공부한 오류역전파 backpropagation bias 개념을 적용합니다. **그림 4-28**과 같이 실젯값 target에서 예측값의 차이를 줄여나가는 과정에서 중요한 두 개의 가중치인 'w_{xh}'와 'w_{hh}', 그리고 절편값인 'b'를 계속 업그레이드해 줍니다. 여러분이 예상했듯이 앞서 공부했던 경사하강법과 같은 최적화 기법을 적용하는 것입니다. 그런데 **그림 4-28**에서 4개의 입력값이 있지만(I, google, at, work), 입력변수는 'x' 하나입니다. 마찬가지로 x에서 은닉상태로 가는 w_{xh}도 하나의 변수이고, 이전 단계서 투입되는 w_{hh}도 하나의 변수입니다.

절편값 'b'도 하나이지요. 즉 입력(x)에 여러 변수가 있는 것이 아니라 하나의 변수(x)에 시간적 흐름(시퀀스)에 따라 변숫값들만 입력될 뿐입니다. 따라서 오류역전파라고 하지 않고 시간적 흐름을 고려한 역전파인 'backpropagation through time BPTT'이라고 합니다. 이렇게 BPTT를 통해서 오류를 줄여나가는 과정이 RNN이 학습 learning하는 과정입니다. 결국 은닉상태(h), 결괏값(y)들은 모두 각각 하나의 변수이므로 **그림 4-28**의 오른쪽의 다이어그램처럼 단순화하여, 현재(h)의 은닉상태를 하나의 공식으로 $h_t = \tanh(w_{xh} x_t + w_{hh} h_{t-1} + b)$과 같이 표현할 수 있습니다.

4.2.2 LSTM

앞서 RNN이 작동하는 기본적인 틀을 잡아봤습니다. 단순한 RNN 구조는 현재의 입력값에 대한 분석으로 앞선 시간적 흐름에 따라 분석한 결과를 고려한다고 했습니다. 바닐라 RNN은 낮은 수준의 시계열적인 데이터 자료를 분석할 때 유용합니다. RNN은 비교적 짧은 시퀀스 구조에서 효과적이지만 시계열적인 입력데이터들이 길어지면 길어질수록 앞선 단계들에서 고려해야 할 정보들을 충분히 반영하지 못하고 희석되는 한계를 가지고 있습니다. 간단히 말해 시퀀스의 시간적 단계 time step가 길어질수록 앞선 단계들의 정보량이 손실되기 때문에 전체적인 맥락을 고려한 데이터분석이 어려워지는 것이지요. 구체적으로 RNN은 모델의 깊이가 더 심층적이면 BPTT backpropagation through time의 가중치가 신경망을 통과할 때마다 가중치의 기울기가 소실 Gradient Vanishing되는 현상이 나타납니다. 또는 기울기가 반대로 급격하게 커져서 분석의 적합도를 떨어트리는 현상이 나타납니다. 그래서 RNN은 시계열적인 데이터를 좀 길게 기억하면서 심층적으로 분석 Long-Term Dependency하는 데 한계가 있습니다.

이러한 문제는 호크라이터와 슈미드허버 Hochreiter & Schmidhuber, 1997가 LSTMs Long Short Term Memory networks을 고안함으로써 해결되었습니다. LSTM은 우리말로 '장단기-기억연결망'이라고 할 수 있겠네요. 말 그대로 장기기억과 단기기억을 활용하는 연결망분석입니다. 쉽게 RNN의 은닉상태 hidden state가 단기기억을 보존해 주었다면 LSTM는 셀상태 cell-sate를 추가함으로써 장기기억을 활용한다고 생각하면 이해가 빠릅니다. 무언인가를 오랫동안 기억하고 있는 상태는 지금 당장 애써서 노력한다고 얻어지는 것은 아닙니다. 인간의 누적적인 정보처리행동의 결과로 장기기억을 가지기 때문입니다. 그 장기기억 Long Term Memory은 현재 상황에서 어떤 정보를 해석하는 단기 메모리 Short Term Memory가 필요하기도 하고 또는 필요가 없기도 하지요. 이러한 논리가 LSTM에 적용됩니다.

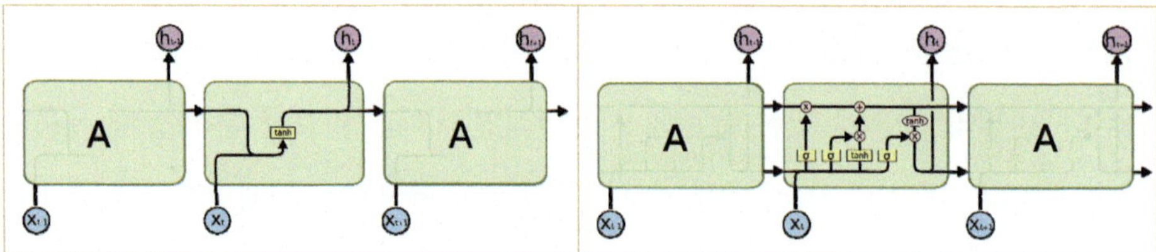

그림 4-29 RNN과 LSTM 모형 비교

출처 http://colah.github.io/posts/2015-08-Understanding-LSTMs/

그러면 구체적으로 하나씩 살펴볼까요. **그림 4-29**를 보면 왼쪽이 단순한 RNN 모형이고 오른쪽은 LSTM 모형입니다. 좀 복잡해 보이지요? 하지만 간단합니다. 기존의 RNN에 있던 은닉상태 hidden state 이외에 장기기억 상태(cell-state, 또는 cell memory)를 컨베이어벨트처럼 병렬시켜 시계열적 분석 단계마다 활용한다는 개념을 도식화한 것에 불과하니까요.

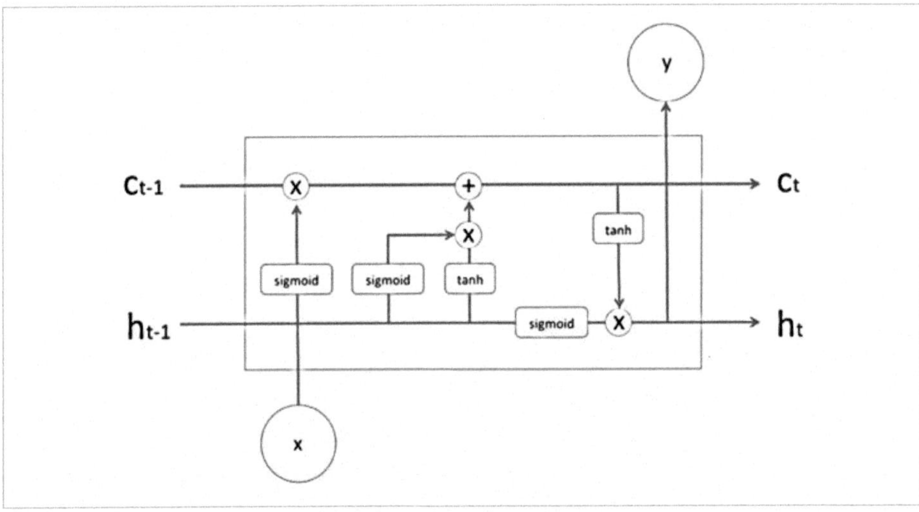

그림 4-30 LSTMs 모형의 Cell-sate (C_t)

출처 https://www.youtube.com/watch?v=bX6GLbpw-A4

그림 4-30과 같이 LSTM에서는 은닉상태(h)뿐만 아니라 도표 상단에 수평적으로 위치하고 있는 셀상태(C_t: cell state)가 있습니다. LSTM의 핵심은 바로 은닉상태뿐만 아니라 셀상태가 장기정보를 손실 없이 지속적으로 전달해 주기 때문에 장기기억 long term memory을 활용할 수 있다는 것입니다. 일종의 컨베이어벨트처럼 장기기억이 전체 분석과정에 연이어 흘러가면서, 순차적으로 들어오는 입력정보들을 해석하는 데 도움을 주는 것입니다. 장기기억이 필요하면 현재 입력값(x)을 분석하는데 활용하고 때로는 필요가 없으면 없애버리듯 하는 게이트들 gates이 존재합니다. LSTM에서는 망각, 추가, 출력 등 3개의 게이트가 셀상태를 관장합니다.

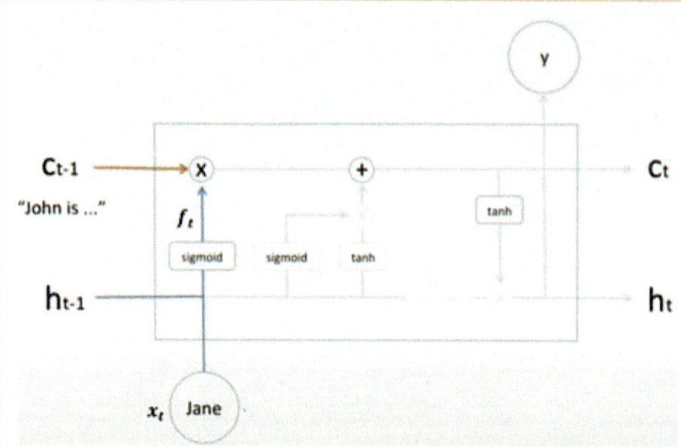

[1st forget gate]

$$f_t = \sigma(w_f\left[h_{t-1}, x_t\right] + b)$$

[Cell-state]

$$C_t = f_t \cdot C_{t-1}$$

그림 4-31 LSTM 모형의 첫 번째 게이트

출처 https://www.youtube.com/watch?v=bX6GLbpw-A4

그림 4-31와 같이 같이 첫 번째 LSTM모형의 입력데이터 'Jane'이란 고유명사를 받아서 이와 관련한 문장을 분석한다고 하면, 이전 문장에 있었던 "John is..."이란 고유명사에서 John이 누구인지를 기억하고 있어야겠지요. 그렇게 앞선 맥락에서 'John'이란 데이터에 대한 기억이 셀상태 cell state에 있는 것입니다. 그래서 현재 입력(x)한 데이터 'Jane'을 분석하는 데 있어서 장기기억 벨트인 셀상태(C_t)에 있는 'John'이란 데이터를 어느 정도 기억하고 있어야 하는지를 조절하는 시그모이드 함수가 첫 번째 망각 게이트 forget gate입니다. 즉 시그모이드 함숫값이 '0'이면 장기기억하고 있는 'John'에 대한 정보는 모두 잊어버리라는 의미이고 '1'이면 반대로 모두 기억하고 있으라는 신호입니다. 그래서 이 게이트에서는 현재 입력한 정보를 분석하는 데 있어서 앞선 셀상태의 정보를 얼마나 잊어야 할지를 결정합니다. 수학적 계산식은 $f_t = \sigma(w_f\left[h_{t-1}, x_t\right] + b)$과 같이 표현할 수 있습니다.

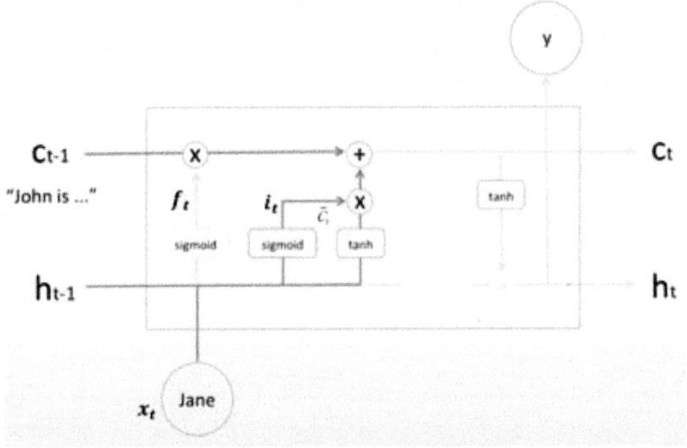

[2nd add gate]

$$= i_t \cdot \widetilde{C}_t$$

$$i_t = \sigma(w_i [h_{t-1}, x_t] + b)$$

$$\widetilde{C}_t = \tanh(w_c [h_{t-1}, x_t] + b)$$

[Cell-state]

$$C_t = f_t \cdot C_{t-1} + i_t \cdot \widetilde{C}_t$$

그림 4-32 LSTM 모형의 두 번째 게이트 및 Cell-sate 업데이트

출처 https://www.youtube.com/watch?v=bX6GLbpw-A4

두 번째 추가 게이트 add gate는 현재 입력받은 'x_t'를 어느 정도 새롭게 기억해야 하는지를 결정하는 함수 역할을 합니다. 이 과정은 두 단계로 나눠지는데, 우선 입력값을 어느 정도 셀상태 장기기억에 업데이트해야 하는지를 시그모이드 함수로 계산($i_t = \sigma(w_i [h_{t-1}, x_t] + b)$)하고, 또 동시에 새롭게 셀상태에 추가할 후보 candidate values를 ($\widetilde{C}_t = \tanh(w_c [h_{t-1}, x_t] + b)$)식의 tanh함수로 계산해서 얻을 수 있습니다. 그런 후, 두 개의 함수식을 곱함으로써 어느 정도 셀상태를 추가해야 하는지를 결정하게 되는 것입니다($i_t \cdot \widetilde{C}_t$).

그림 4-32와 같이 추가 게이트를 지나는 시점의 셀상태는 바로 직전의 셀상태 (C_{t-1})를 새로운 셀상태(C_t)로 업데이트하게 됩니다. 셀상태는 첫 번째 게이트에서 어느 정도 기존 정보를 잊어버렸는지를 나타내주는 시그모이드 함수($f_t \cdot C_{t-1}$) 계산 값과 반대로 두 번째 게이트의 셀상태에는 어느 메모리(기억)를 새롭게 업데이트해야 하는지를 나타내는 시그모이드 및 tanh함수의 곱셈계산식($i_t \cdot \widetilde{C}_t$) 결괏값들을 서로 더해 줌으로써[$C_t = f_t \cdot C_{t-1} + i_t \cdot \widetilde{C}_t$] 새롭게 셀상태($C_t$)가 갱신됩니다.

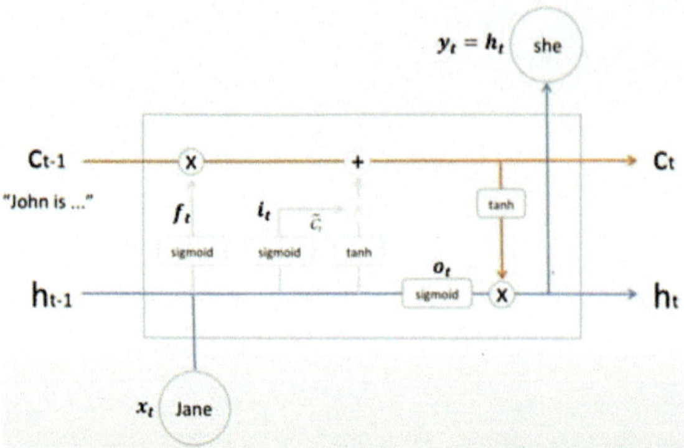

[3rd output gate]

$$o_t = \sigma(w_o [h_{t-1}, x_t] + b)$$

$$h_t = o_t \cdot \tanh(C_t)$$

[Cell-state]

$$C_t \Rightarrow C_{t-1}$$

그림 4-33 LSTM 모형의 세 번째 게이트 및 아웃풋

출처 https://www.youtube.com/watch?v=bX6GLbpw-A4

마지막으로 출력 게이트 output gate 는 결과물에 대한 출력을 결정하는 역할을 합니다. **그림 4-33**과 같이 입력(x_t)에 대한 출력(y_t)은 앞선 은닉상태(h_{t-1})와 업데이트 셀상태(C_t)를 고려해서(필터링) 얻게 되는 것이지요. 즉 현재 입력한 값(x_t)은 이전 단계의 은닉상태(h_{t-1}) 값을 시그모이드 활성화함수로 계산[$o_t = \sigma(w_o [h_{t-1}, x_t] + b)$]한 값을, 새롭게 업데이트된 셀상태($C_t$)에 활성화함수 tanh 로 계산[$\tanh(C_t)$]한 값을 서로 곱함으로써 어느 정도를 출력해야 할지를 결정합니다. 따라서 은닉상태(h_{t-1})의 단기기억과 전체 큰 맥락에서 장기적으로 기억해야 하는 셀상태(C_t)를 모두 고려한 상태에서의 결괏값(y_t)을 출력하게 됩니다. 바로 현재의 시점에서 출력한 값(y_t)은 다음 단계의 단기적 은닉상태(h_t)와 같은 역할을 하므로 이 두 값은 서로 같습니다($y_t = h_t$). 현재 업데이트된 셀상태(C_t)는 이제 다음 단계로 넘어가면서 전체적인 장기기억 상태 정보를 나타내주는 셀상태(C_{t-1})로 다시 순차적인 역할을 하게 됩니다.

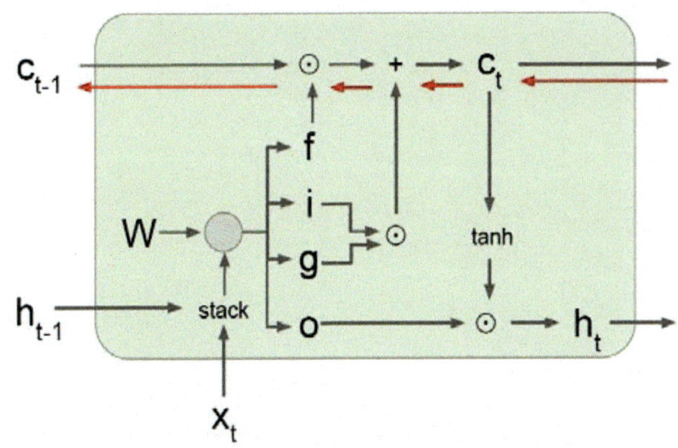

그림 4-34 LSTM 모형의 Uninterrupted Gradient Flow 개념도

출처 Li, Fei-Fei, Justin Johnson, and Serena Yeung. 2017

마지막으로, 우리는 앞서 바닐라 RNN은 BPTT backpropagation through time으로 오류를 바로잡아갈 때 가중치(w)가 소실 Gradient Vanishing되는 문제점이 있었다고 했습니다. 다시 말해 장기적인 기억을 활용하는 데 Long-Term Dependency 어려움이 있다는 것이지요. 그런데 그림 4-34는 LSTM이 어떻게 기존 RNN의 문제점을 극복했는지 잘 보여주고 있습니다. LSTM에서 셀상태에 대한 오류수정 backpropagation을 진행하면 ($C_t \rightarrow C_{t-1}$), 단지 첫 번째 게이트에서 나온 (f_t)값에 대한 곱셈(×)연산과 두 번째 게이트에서 나온 더하기(+) 연산만 있을 뿐, 그 어디에도 가중치(w) 행렬에 대한 연산이 존재하지 않습니다. 이 말은 아주 깊은 단계의 순차적인 시계열 정보에 대한 오류를 교정 BPTT 단계가 있더라도 셀상태(C_t)의 가중치 정보는 소실되지 않고 계속해서 유지된다는 말입니다. 즉 가중치의 경사가 손실되지 않는 특성 uninterrupted gradient flow을 가진다고 할 수 있습니다. 결과적으로 LSTM는 바닐라 RNN과 달리 장기적인 맥락과 단기적인 시퀀스 변화를 입체적으로 분석할 수 있는 순환 recurrent 인공신경망을 디자인하는 데 유용한 알고리즘입니다.

제 5 장

알파고로 배우는 인공지능

5.1 강화학습

5.2 몬테카를로 트리 탐색과 알파고

여러분은 기초통계부터 ANN, CNN, RNN까지 공부해 왔습니다. 여기까지 따라온 여러분은 AI에 대한 흥미와 강한 인내심을 갖고 계시는군요. 여러분의 도전을 응원하면서 지금까지 공부한 성과에 대해 축하드립니다. 이제 마지막 장으로 세기의 바둑 대결이었던 '알파고 AlphaGo와 이세돌의 대국'을 통해 '강화학습'에 대해 알아보겠습니다.

사람들은 인공지능이라는 말을 언제부터 쓰기 시작했을까요? 역사적으로 1940년대에 인공지능이라는 개념이 생기긴 했지만, 그 이후로 한참 동안 대다수 사람에게 인공지능은 '영화에 나오는 로봇' 정도로 인식되었던 것 같습니다. 인류가 인공지능에 본격적인 관심을 가지고, 전 세계의 대학들이 앞다투어 인공지능 관련 전공을 개설하게 된 가장 강력한 계기는 단연 '알파고 AlphaGo와 이세돌의 대국'이 아닐까 합니다.

2016년, 구글의 딥마인드 DeepMind사는 세계 최고의 바둑 기사 이세돌을 찾아가 한 가지 제안을 하였습니다. 이세돌과 인공지능 '알파고'가 바둑을 둬 5판 중 3판을 이세돌이 이긴다면 100만 달러를 상금으로 주겠다고 도전장을 낸 것이지요. 상금도 한화 약 12억 정도로 큰 액수였고, 또 세계 최고의 IT 기업 중에 하나인 구글이 전 세계에 광고를 한 행사였기에 엄청난 관심을 끌었습니다. 그때까지 '바둑에서만큼은' 컴퓨터가 인간을 이길 수 없다고 믿었기 때문에 소위 '쎈돌' 이세돌의 전승은 당연한 결과로 예상했었습니다. 하지만, 예상과 달리 결국 알파고가 4-1로 압승을 거두었습니다. 알파고와 이세돌의 대국은 전 세계에 인공지능의 부흥을 알리는 신호탄이 되었습니다.

2016년 당시 인공지능이 새로운 것이 아니었는데 왜 구글은 막대한 돈을 들여 그러한 이벤트를 기획했을까요? 왜 하필 '2016년'이며, '바둑'이며, 그 대상이 '이세돌'이었을까요? 사실 2000년 초반까지만 해도 IT분야에서 인공지능은 그리 인기 있는 분야가 아니었습니다. 그전까지 인공지능 기술에 대한 장밋빛 기대로 막대한 투자가 있었지만, 당시는 지금보다는 확연히 느린 컴퓨터연산 기술과 다소 정교함이 떨어지는 알고리즘으로 인해 인공지능을 현실에 적용하기에는 무리가 있었습니다. 결국 두 번의 소위 '인공지능 겨울'이라는 침체기를 경험하고 사람들은 인공지능을 크게 기대하지 않는 분위기였지요.

그러다가 2013년에 딥마인드 DeepMind사가 '스스로 배우는 컴퓨터'에 대한 논문을 발표하면서 딥러닝과 '강화학습 reinforcement learning'을 이용하여 인공지능이 스스로 판단하여 게임할 수 있는 알고리즘을 소개하였습니다. 이즈음은 앞서 서론에서 소개한 'ImageNet Challenge'에서 인공지능의 사진 인식 정확도가 혁신적으로 증가하기 시작한 지점이었고 또 컴퓨터의 성능 또한 몰라보게 좋아지면서 구글이 이제는 인공지능을 다시 한번 부흥시킬 수 있겠다는 자신감이 붙은 상태였습니다. 한마디로 구글은 그동안 급성장한 인공지능 기술을 '알파고 AlphaGo와 이세돌의 대국'이라는 큰 이벤트를 통해 전 세계에 알리고 싶었던 것이지요.

그렇다면 왜 '바둑'일까요? 일단 바둑은 경우의 수가 매우 많습니다. 19×19의 반상에 흑과 백의 돌을 사용하는 바둑은 약 10의 170승 정도라고 합니다. 관측 가능한 우주 전체의 원자 수가 약 10의 80승 정도라고 하니, 바둑 대국에서 일어날 수 있는 조합의 수가 얼마나 방대한 숫자인지 짐작할 수 있습니다. 그런 데다 바둑 대국에는 시간제한이 있어서 주로 기사의 '직관'에 의존하여 신속하게 경기를 진행해야 합니다. 실제로 기사는 바둑이 놓인 '모양'만 보고도 다음 수를 알 수 있다고 합니다. 그래서 그동안 바둑만큼은 컴퓨터가 못 이길 것이라는 생각이 지배적이었습니다. 엄청난 양의 계산을 제한된 시간에 하기에는 컴퓨터가 인간의 '직관'을 넘지 못할 것이라고 믿었기 때문입니다.

다음으로, 왜 '이세돌'을 선택했을까요? 실제로 2016년 세계 바둑 순위 1위는 중국의 바둑 기사 '커제 Ke Jie'였고, 국내에서도 박정환이 독보적인 1위를 차지하고 있었습니다. 하지만, 일단 지난 10년간 이세돌은 바둑계에 신화적인 인물이었고, 즉흥적이고 변칙적인 공격에 강해 인기가 있었습니다. 무엇보다 과거 데이터를 토대로 학습이 필요했던 알파고의 입장에서 대국 기록이 많은 이세돌을 상대하는 것이 좀 더 편했을 것으로 생각됩니다. 커제는 중국 기사라서, 커제의 중국 내 대국 정보는 얻기 어려웠을 것으로 보입니다. 또 이세돌은 심리전에 강하기 때문에 심리전에 문제없는 '냉철한' 알파고가 상대하기에 부담이 없었을 것으로 판단됩니다.

이 장에서는 2016년 3월에 '알파고'가 보여준 것이 무엇인지, 왜 그 이후로 인공지능에 다시 봄이 왔는지를 지금까지 배웠던 딥러닝과 함께 살펴보고자 합니다. 알파고는 합성곱 신경망 CNN 외에 특별하게 '강화학습'을 기반으로 한 몬테카를로 트리탐색 Monte Carlo Tree Search, MCTS을 사용했습니다. 경우의 수가 많은 것은 몬테카를로 트리 탐색으로 해결하고, 모양/직관/특성(형세)은 합성곱 신경망으로 해결했으며, 컴퓨터의 능력(실력)을 향상하기 위해서는 강화학습을 사용하였습니다. 우리는 2016년 알파고와 이세돌의 대국을 통해서 지금까지 배우지 않았던 강화학습과 몬테카를로 트리 탐색을 5.1절과 5.2절을 통해 살펴보고자 합니다.

5.1 강화학습

2013년 DeepMind Technologies에서는 "Playing Atari with Deep Reinforcement Learning"이라는 재미있는 논문을 하나를 발표합니다. 우리나라에서는 '벽돌깨기'라는 이름으로 유명한 'Atari' 게임에 딥러닝과 강화학습을 성공적으로 적용하여 마치 사람이 직접 게임을 하는 것과 같은 느낌을 받게 하였습니다. 컴퓨터가 게임을 하는 방식은 아래의 **그림 5-1**과 같습니다.

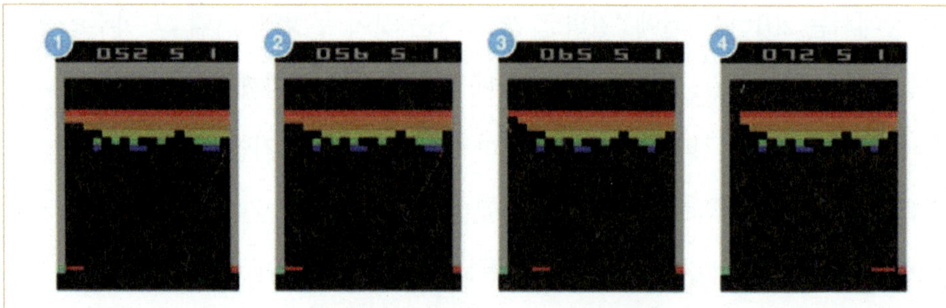

그림 5-1 Atari 게임의 강화학습 결과

출처 https://dnddnjs.gitbook.io/rl/chapter-9-dqn-deep-q-networks/deep-q-networks

게임이 시작되면 좌우로 움직일 수 있는 판 위에 공이 벽돌을 향해 발사되고, 공이 벽돌에 맞게되면 벽돌이 깨지면서 점수가 올라가는 방식입니다. 다시 내려오는 공을 판으로 맞추고 벽돌 깨기를 반복하면서 모든 벽돌을 다 깨고 나면 다음 단계로 넘어가게 되는데, 대신 내려오는 공을 판이 맞히지 못하면 게임은 종료가 됩니다. **그림 5-1**의 ①과 같이 처음에는 컴퓨터가 게임을 하는 방법을 잘 모르기 때문에 판은 좌우로 왔다 갔다 하지만 공을 제대로 맞히지 못하고 금세 게임이 끝나고 맙니다. 하지만, 우연히 판이 공을 제대로 쳐 냈을 때 그에 따른 보상을 받게 되고, 이것이 반복되고 학습되면서 컴퓨터의 게임 수행 능력은 강화됩니다. 학습이 많이 진행된 후에는 4)와 같이 한 쪽을 먼저 부수어 길을 내고 그 길을 통해 공이 벽돌을 효율적으로 부술 수 있도록 하는 기술을 스스로 배우게 된다는 것입니다.

원래 '강화 Reinforcement'는 행동심리학에서 사용되는 용어로 동물들이 시행착오를 통해 학습하고 행동하는 것을 가리키는 말입니다. 하버드대학교 심리학과의 교수인 스키너 Skinner는 쥐 실험을 통해서 특정한 행동을 처벌과 보상을 통해서 '강화' 할 수 있음을 밝혀냈습니다. 발판을 밟으면 먹이가 나오도록 만들어진 상자 속에서 배고픈 쥐가 우연히 발판을 밟고, 먹이가 나오는 것을 여러 차례 경험하면서 쥐가 '발판을 밟아 먹를 얻게 되는 과정'을 학습한다는 것인데요. 행동심리학에서는 이전에는 배운 적이 없었지만 직접 어떤 행동을 했을 때 보상이 주어지면 그러한 시행착오 뒤에 어떠한 인과적 관계(행동-보상)를 학습하게 되는 과정을 '강화'라고 설명합니다.

컴퓨터도 마찬가지입니다. 강화학습은 무작위로 컴퓨터에 특정한 경험을 하도록 한 후 적절한 보상을 통해 컴퓨터가 스스로 학습하도록 하는 방법을 말합니다. 위에서 소개한 Atari게임이 스스로 게임을 수행하면서 게임에서 높은 점수를 얻는 방법을 터득하는 것이 대표적인 예입니다. 무작정 시작하고 그중에 좋은 것을 찾는 과정이기 때문에 '단순하고 빠른' 계산에 강한 컴퓨터 본연의 임무를 수행하는데 최적화된 알고리즘이라고 할 수 있었던 것입니다.

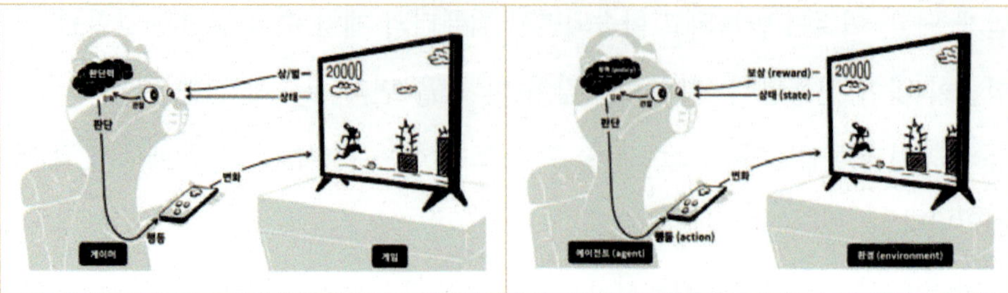

게이머	→	에이전트(agent)
게임	→	환경(environment)
게임화면	→	상태(sate)
게이머의 조작	→	행동(action)
점수획득	→	보상(reward)
게이머의 판단력	→	정책(policy)

그림 5-2 컴퓨터 게임과 강화학습 용어

출처 https://opentutorials.org/course/4548/28949

강화학습을 제대로 배우기 위해서는 먼저 사용되는 용어를 이해할 필요가 있습니다. **그림 5-2**와 같이 게이머가 게임을 하는 상황을 예로 들어보겠습니다. 게이머가 게임을 할 때 화면에 나오는 게임의 상태를 관찰하여 그에 따른 판단을 하고 행동하면, 게임에서 변화가 일어납니다. 이때 게이머는 도출되는 상과 벌을 바탕으로 상황을 판단하게 되고, 상을 받을 수 있도록 계속해서 게임의 전략을 진행할 것입니다. **그림 5-2**와 같이 게임 상황과 인공지능의 '강화학습' 용어인 에이전트 agent, 환경 environment, 상태 sate, 행동 action, 보상 reward, 정책 policy을 정리해 볼 수 있습니다.

결국 강화학습은 '더 많은 보상을 받기 위한 정책(게이머의 판단을 정교화)을 만드는 것'을 의미합니다. Atari 게임에서 보았듯이 조이스틱을 랜덤하게 움직이다가 우연히 공을 맞혀서 벽돌을 깨서 점수를 얻게 되면, 벽돌을 깬 순간을 기억하고 이 행위에 보상을 받게 되는 것입니다. 따라서 다음 게임에서는 공을 맞히는

쪽으로 게임을 진행할 수 있도록 컴퓨터의 전략(정책)을 더 정교하게 다듬어 나가는 것입니다. 이것을 바둑에 적용한다면, 무작정 바둑판에 돌을 놔보고, 놓은 돌의 위치에 따라 승률이 높아지면 보상을 받게 되고, 이러한 방식으로 컴퓨터의 프로그램이 정교화되는 것이지요. 사실, 바둑을 두는데 시간제한이 없다면 강화학습 알고리즘만으로도 알파고를 만들 수 있습니다.

5.2 몬테카를로 트리 탐색과 알파고

바둑을 둘 수 있는 모든 경우의 수를 일일이 계산해 보는 방식을 무차별 탐색 기법 Brute force tree search이라고 합니다. 사실, 작은 바둑판에서 두는 오목은 이러한 방식으로 계산할 수 있지만, 바둑은 좀 다릅니다. 앞에서 언급한 바와 같이 19×19의 반상의 바둑은 경우의 수가 10^{170}입니다. 아무리 성능이 좋은 슈퍼컴퓨터라도 제한된 시간(1분)에 이 계산을 하는 것은 쉬운 일은 아닙니다. 이 문제를 해결하기 위해 알파고에서 사용한 방법이 바로 몬테카를로 트리 탐색 Monte Carlo tree search 기법입니다.

무차별 탐색기법이 모든 경우의 수를 다 계산해 보는 것이라면, 몬테카를로 트리 탐색 기법은 전체가 아닌 임의의 표본 Sample을 추출하여 처음부터 끝까지 계산해 보는 것입니다. 앞서 2장 통계의 기초에서 설명한 바와 같이 어느 한 부분을 통해 전체를 추정하는 통계적 추론의 관점에서 탐색하는 것이지요. 예를 들어, 10만 가지 경우의 수가 있다면 이 중 100개 또는 1,000개만을 무작위로 추출하여 전체에 적용해 보는 것입니다. 이것은 통계의 조건인 '무작위로 충분한 숫자'를 만족한다면, 이론적으로 모든 경우의 수를 계산하는 것과 유사한 결과를 도출할 수 있기에 유용한 방법입니다.

강화학습과 몬테카를로 트리 탐색 개념을 상기하면서, 알파고가 이세돌과의 대국에서 이길 수 있었던 비법을 좀 살펴보겠습니다. 구글의 알파고는 ① 롤아웃 정책망 Rollout policy network ② 지도학습 정책망 Supervised learning policy network, SL ③ 강화학습 정책망 Reinforcement learning policy network, RL ④ 강화학습 가치망 Reinforcement learning value network 등 총 네 가지 망 Network을 이용하여 바둑 실력을 높였습니다.

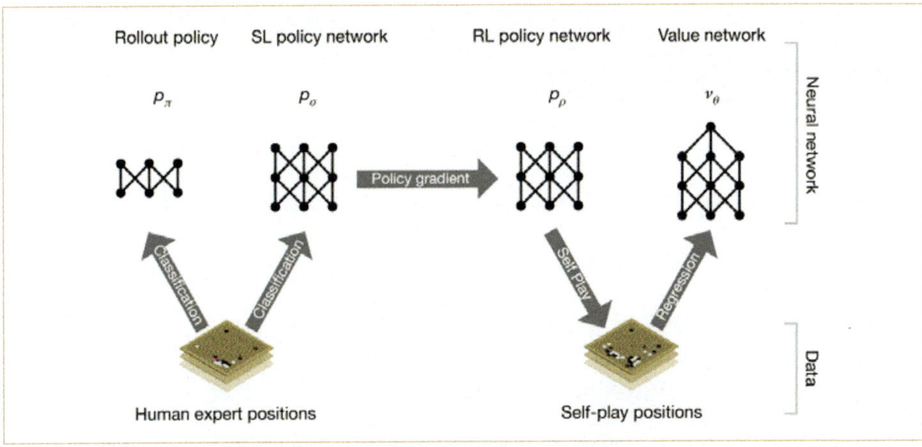

그림 5-3 롤아웃과 지도-강화학습 정책망 및 가치망

출처 https://jonathan-hui.medium.com/alphago-how-it-works-technically-26ddcc085319

먼저, 롤아웃 정책망 Rollout policy network 은 쉽게 말하면 컴퓨터가 바둑을 그냥 한번 둬보는 것입니다. 몬테카를로 트리 탐색을 이용해서 임의의 위치를 정해서 바둑을 두게 하는 인공신경망이기 때문에 지도학습 정책망 Supervised learning policy network 과 강화학습 정책망 Reinforcement learning policy network 을 함께 사용해야 효과를 극대화할 수 있습니다. **그림 5-3**의 'human expert positions'와 같이 지도학습 정책망에서는 이미 정답이 있는 프로 기사들의 기보를 따라 학습을 합니다. 알파고는 약 30만 번의 대국에 대한 데이터가 사용되었다고 알려졌지요. 이때 바둑 이미지의 특성(판세)을 분석하기 위해 합성곱 신경망 CNN 을 활용하여 최대한 효율적으로 이미지를 간략화하고 특징을 저장합니다. 지도학습이 시작되기 전 알파고의 전체 신경망은 무작위로 정해진 가중치로 구성되어 있는데, 수많은 대국 데이터를 거치면서 신경망의 가중치를 업데이트하여 재계산하게 됩니다. 이 단계에서 첫 번째로 알파고의 신경망이 완성됩니다. 만약 여기에서 학습이 종료된다면, 알파고의 실력은 학습에 사용된 프로 기사들의 실력과 유사하게 됩니다. 이세돌은 프로 기사들

중에서도 최고의 실력을 갖췄으니, 그 정도로는 이세돌을 이기기는 매우 힘들기 때문에 추가적인 것이 필요했습니다.

실력향상을 위해 다음 단계에서는 **그림 5-3**의 'self-play positions'와 같이 일단 정해진 가중치를 바탕으로 알파고끼리 바둑 대전을 하면서 정책망을 한층 강화한 것입니다. 이 단계에서 강화학습 정책망이 사용되었습니다. 실제로 수많은 경기를 수행하면서 최적의 정책망을 가질 수 있도록 학습했습니다. 이때 정책 강하법 Policy gradient을 적용하여, 최고의 보상을 받을 수 있는 위치를 찾도록 했습니다. 여기서 강화학습 정책망과 강화학습 가치망을 사용했는데, 강화학습 정책망은 입력된 기보에 대하여 상황에 따라 어떻게 대처하는 것이 좋을지 탐색하는 것이라면, 강화학습 가치망은 일단 한번 걸러진 수에 대하여 현재의 대국에서 높은 승산을 가지는 수를 예측하고 형세를 판단하는 것이라고 할 수 있습니다.

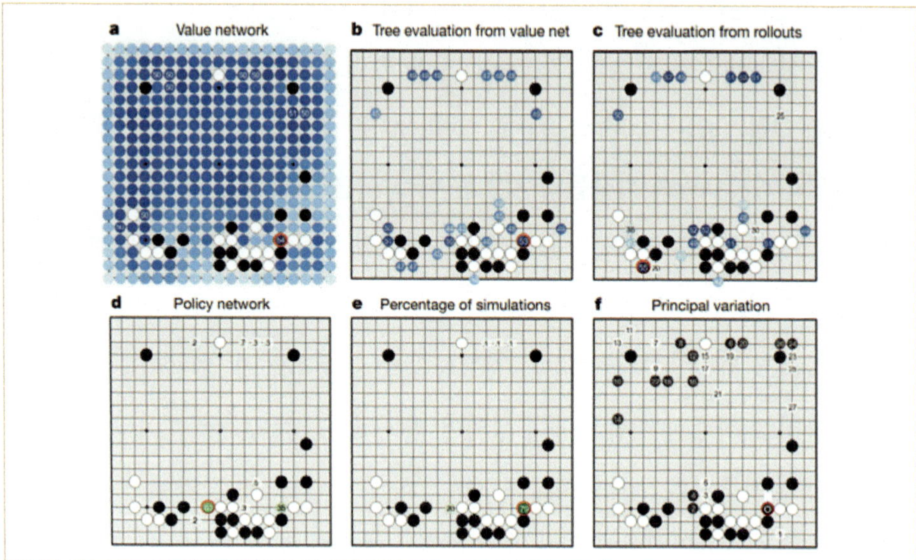

그림 5-4 지도-강화학습 정책망 및 가치망과 바둑대국

출처 https://www.anthropocene-curriculum.org/contribution/the-inclosure-of-reason

위의 알파고와 이세돌의 바둑 대국 과정을 **그림 5-4**에서 확인할 수 있습니다. 좀 더 구체적으로 살펴보면 a)에서 가치망 value network을 이용하여 현재 상태의 승률을 예측합니다. 바둑 대국 판에서 붉은색으로 표시된 점이 각 단계에서 최고의 승률을 나타낸 지점입니다. b)에서는 가치망 value net을 통해 얻은 결과를 바탕으로 트리 탐색을 통해 몇 수를 더 둬보고 트리를 평가합니다. c)에서는 rollout(빠르게 끝까지 둬보는 것) 트리를 평가하여 가장 높은 승률을 보인 지점을 찾습니다. d)에서는 기보를 통해 학습된 정책망 policy network을 바탕으로 최적의 지점을 찾습니다. e)에서는 각 시뮬레이션을 통해 얻은 승리 확률을 계산하며 최종적으로 f)에서 바둑을 놓을 자리를 정하는 것입니다.

위의 **그림 5-4**를 보면 알파고가 놓을 바둑의 위치를 정하는 방법이 매우 복잡해 보이지만, 요약하면 다음과 같습니다.

① Rollout 방식을 사용하면 속도는 매우 빠르지만, 정확히 예측하기는 힘들다.

② 가치망을 바탕으로 위치를 찾으면, 비교적 정확한 계산은 가능하지만, 속도가 느리다.

③ 지도학습을 통해 학습된 정책망을 기본으로, rollout 방식과 가치망 평가방식을 함께 적용해서 높은 정확도와 빠른 계산을 동시에 달성한다.

이 장에서 우리는 가장 높은 수준의 인공지능으로 언급되는 알파고의 작동 원리에 대해 알아보았습니다. 알파고에 사용된 다양한 이론이나 알고리즘을 상세히 살펴보진 않았지만, 전반적인 내용을 이해하는 데는 큰 어려움은 없을 것입니다. 인공지능을 '제대로' 공부할 준비가 이미 되어있다는 말입니다.

자, 그러면 이제 다 왔습니다.

마지막으로 남은 일은 이 책의 부록으로 있는 '인공신경망 구현 실습'으로 이동하여 실제 AI를 구현해 보는 것입니다. 부록에서 예제와 함께 친절한 설명을 부연해 놨습니다. 단순 및 다중회귀분석, ANN, CNN, LSTM 분석에 대한 예제를 통해 여러분이 직접 AI 모형을 구성하고 학습을 시킨 후, 모형을 테스트하고, 또 그 결과를 실제로 적용(예측, 분류)해 보기 바랍니다.

부록

인공신경망 구현 실습

1. 구글코랩(google colab) 설치와 GitHub 사용법
2. 단순 및 다중 선형 회귀분석
3. ANN 구현 실습
4. CNN 구현 실습
5. RNN 구현 실습

이 책의 부록에서는 앞서 개념적으로 공부한 내용을 실제 코딩 프로그램을 활용해서 실습할 수 있도록 예제를 중심으로 설명해 놓고 있습니다. 이 세상에는 상당히 많은 프로그래밍 고수들이 존재합니다. 다양한 영역의 컴퓨터 프로그램 개발자들이 복잡한 문제를 해결하기 위해 노력하고 있으며 또 순수한 의도로 많은 사람과 자신들의 프로그램 코딩 결과를 공유하고 있지요. 거인의 어깨 위에서 세상을 내다 볼 때 더 높이서, 더 멀리 볼 수 있는 것처럼, 우리는 앞서 진취적인 컴퓨터 프로그램 개발자들이 공개한 자료와 이용 방법을 조금씩 밟아 가면서 인공신경망을 실제로 구현할 수 있는 역량을 키워나가기를 바랍니다. 이러한 배경에서 우선 인공신경망 분석을 통해 단순 및 다중회귀 분석을 진행해 보고, ANN, CNN, LSTM을 예를 통해서 실제로 구현해 보는 순서를 마련했습니다. 수학적 계산식이나 프로그램 입력 코딩이 다소 어려워 보일 수도 있겠습니다. 하지만 예제와 함께 따라 해 보시면 쉽게 이해할 수 있습니다. 그러니 어려워하지 마십시오. 천천히 따라가다 보면 여러분의 길이 보이실 것입니다. 자신 있게 도전해 보기 바랍니다.

1 구글코랩(google colab) 설치와 GitHub[4)] 사용법

인공신경망을 활용한 분석방법은 다양합니다. 일반적으로 여러분 개인 컴퓨터에 'Jupyter Notebook'과 'Spider' 편집기를 직접 다운로드 받아 설치하여 분석할 수도 있습니다. 하지만 최근 구글에서 제공하는 클라우드 cloud 기반의 주피터 노트북 Jupyter Notebook 구동 환경을 갖춘 'colab'은 초보자가 쉽게 접근하기에 좋은 무료의 연산 환경을 제공합니다. 또한 여러분이 작업한 인공신경망 프로그램을 공개적으로 공유할 수 있는 'Git[5)]'과도 연동이 가능합니다. 그래서 우리도 구글코랩이 제공하는 클라우드 기반의 프로그램 플랫폼을 활용하고자 합니다.

구글코랩을 쓰는 데 유의해야 할 점이 있습니다. 구글코랩 프로그램을 이용하는 최대 세션 유지 기간은 12시간으로 한정되어 있습니다. 여러분이 코랩에서 어떤 작업도 하지 않거나 12시간이 지나면 자동적으로 구글코렙 세션이 끝나기 때문에 작업 중이던 데이터가 날아갈 수도 있습니다. 물론 프로그램 코드는 'ipynb' 확장자로 구글 드라이브에 안전하게 보관되기에 걱정할 필요는 없습니다. 다만 딥러닝을 학습시키는 작업을 할 때는 데이터를 구글 드라이브에 저장해 놓고 쓰길 권합니다.

그러면 본격적으로 구글코랩을 설치하는 것부터 시작해 보겠습니다. 먼저 여러분 모두가 구글 google 계정을 가지고 계셔야 합니다. 구글계정이 없으면 웹 사이트에 가서 회원가입 google.com을 하고 아래와 같이 구글 계정에 로그인합니다. 이후에 구

4) Git으로 저장되어 원격 전송된 내용을 저장하는 공간, 내 코드들을 백업해 놓는 기능뿐만 아니라 소스 코드를 주고받을 필요 없이, 같은 파일을 여러 명이 동시에 작업하는 병렬 개발이 가능하기에 더 나은 코드를 만들거나 수정 모드를 제안받을 수도 있다.

5) 소프트웨어 개발에 사용되는 소스 코드를 효과적으로 관리할 수 있게 해주는 공개 소프트웨어로 개발자 등이 진행 중인 프로젝트를 공유, 백업 및 관리한다.

글계정에서 함께 제공하는 구글 드라이브(https://drive.google.com)에 접속한 후에 '내 드라이브'에서 사용할 폴더 test를 아래와 같이 만들어 줍니다.

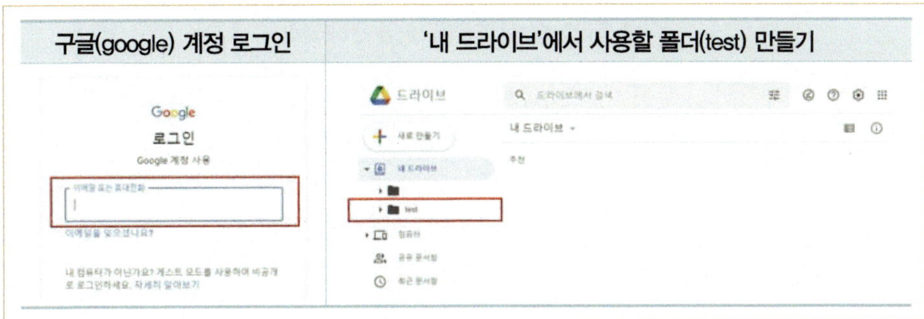

다음으로는 여러분이 만든 'test' 폴더에서 오른쪽 마우스를 클릭해서 '연결할 앱 더보기'를 눌러 줍니다. 그런 후 'colaboratory'를 검색하여 다운로드하여 설치해 줍니다.

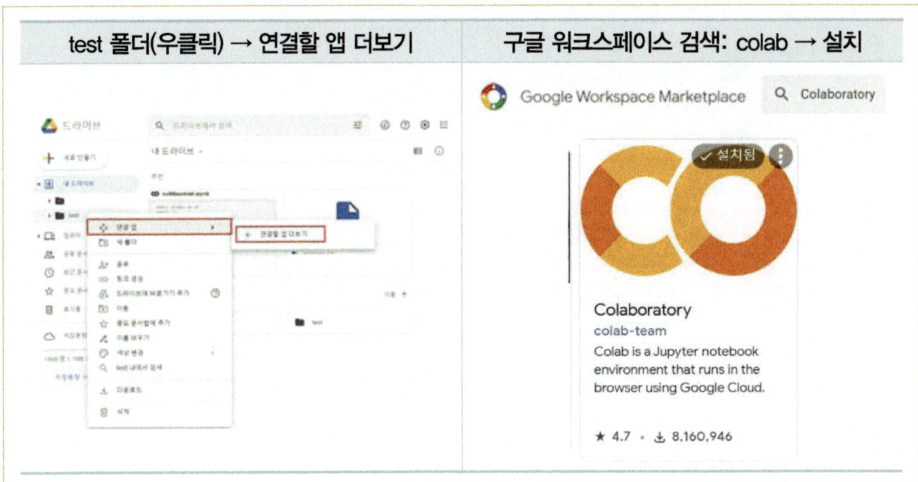

이어서 구글드라이브에서 구글코랩을 기본적으로 이용할 수 있도록 설정하는 절차를 아래와 같이 진행합니다.

'내 드라이브' 설정 클릭 → 앱 관리 클릭

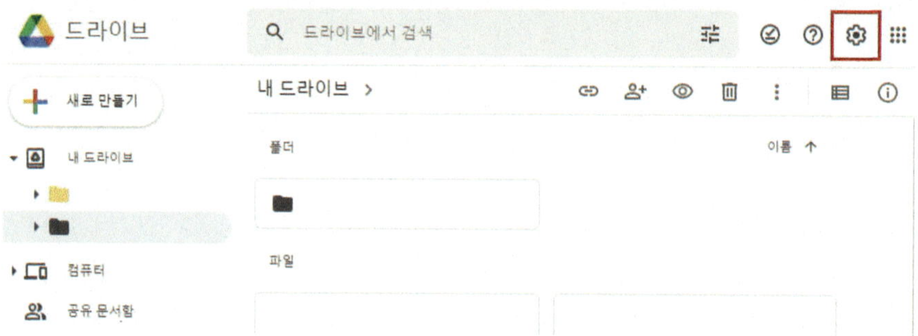

앱 관리 → Google Colaboratory 기본값으로 사용 클릭 → 완료 클릭

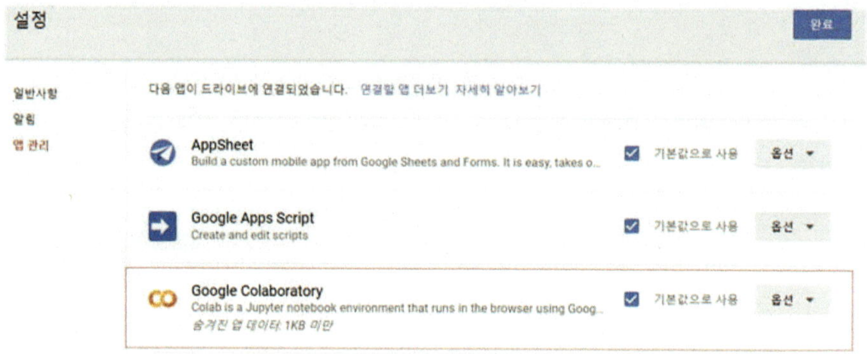

다시 구글 '드라이브' 메인 웹페이지로 돌아와서 <내 드라이브> 폴더를 클릭해서 '더보기' 클릭 이후에 나타난 'Google Colaboratory'를 클릭해줍니다. 그렇게 하면 'Untitled0.ipynb'란 무제의 구글코랩 브라우저가 형성됩니다. 여러분이 원하는 대로 바탕화면 테마를 변경하고 아래의 설정 표시내용을 클릭해주면 됩니다.

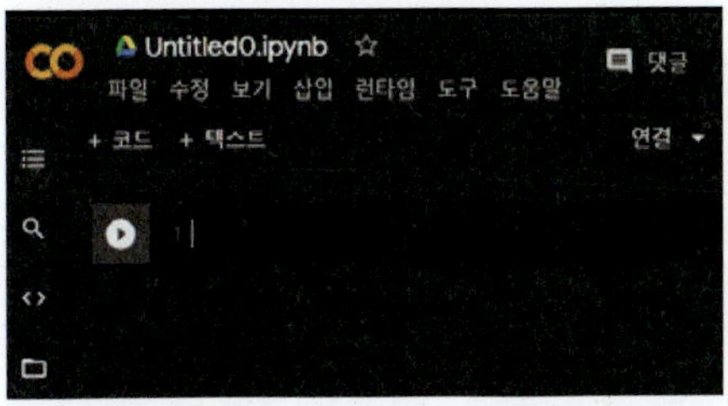

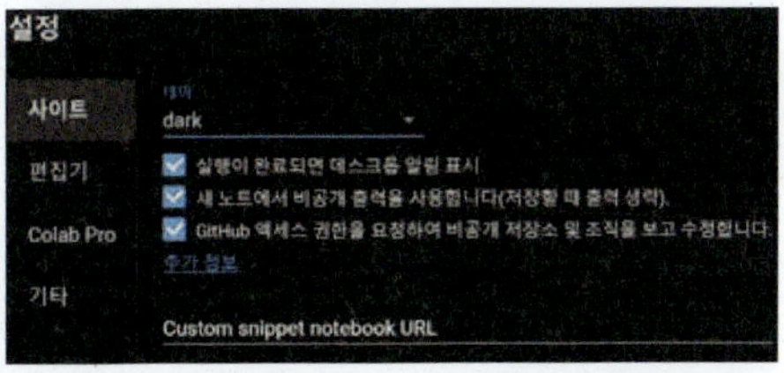

인공신경망 구현 실습과정에서 제일 중요한 자료는 아마도 여러분이 직접 구글 코랩 공간에서 만들어낸 code일 것입니다. 이러한 소스 source 코드들을 효과적으로 관리하고 또 함께 하는 동료나 다른 사람들과 공유할 수 있는 공간이 있으면 좋겠지요? 바로 그러한 공간이 있습니다. 'Git'은 무료의 공개된 소프트웨어로 인공지능 등 개발에 사용되는 소스 코드를 효과적으로 관리할 수 있게 해주는 공개 소프트웨어입니다. 여러분이 작업하는 프로그램이나 프로젝트를 효과적으로 공유하고 백업할 수도 있습니다. Git에 저장하고 원격으로 관리하는 공간을 'GitHub'라고 합니다. GitHub는 여러분이 작업한 코드들을 백업해 놓는 기능뿐만 아니라 같은 파일을 여러 명이 동시에 작업하는 병렬 개발이 가능하기 때문에 더 나은 코드를 만들거나 수정모드를 제안받을 수도 있는 유용한 공간입니다.

GitHub 계정 등록하는 방법은 GitHub(https://github.com)에 접속한 후 회원가입을 해줍니다. GitHub를 처음 접하는 여러분은 최종 단계에서 Free 유형으로 가입하시면 됩니다.

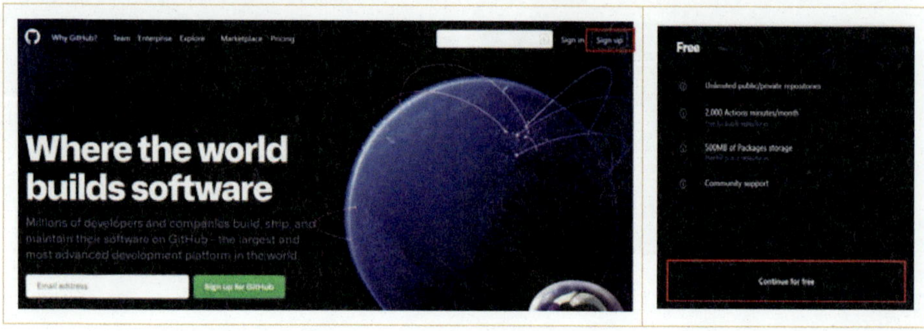

이어서 GitHub 공간에서 나만의 저장소Repository를 만드는 방법은 GitHub에 로그인 한 후에 우측 상단의 **'프로필 > Your repositories'**으로 간 후에 repositories에서 New를 눌러준 후 필요한 정보들을 입력해주면 됩니다.

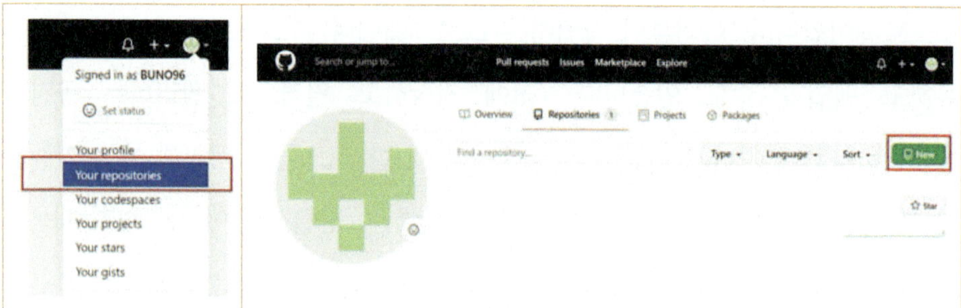

이렇게 저장 공간에 대한 이름Repository name, 설명Description, 저장 코딩에 대한 공개public 설정과 'Add a README file'을 체크 후 주면 여러분만의 고유한 GitHub 저장소가 생긴 것입니다.

다음으로 구글코랩에서 작업한 코드를 GitHub에 저장하는 방법을 알아보겠습니다. 구글코랩에 들어가서 '파일 > GitHub에 사본 저장'을 클릭해주면 'Colaboratory에서 GitHub의 승인을 기다리고 있습니다'란 메시지가 나옵니다. 승인요청 창이

뜨면 로그인만 해주면 자동으로 GitHub와 연동이 됩니다. 이때 나의 GitHub 저장소에 저장할 파일 경로에 확장자[ipynb] 형태를 입력해주어야 오류 없이 연동이 완료됩니다.

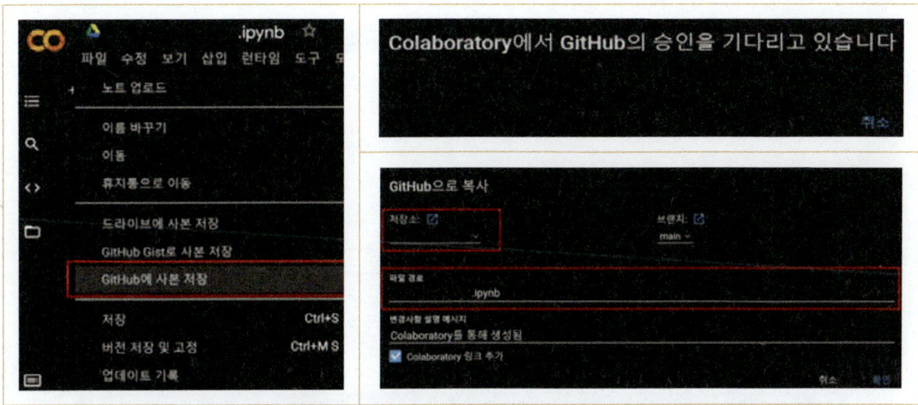

이렇게 구글코랩에서 작업한 코드를 GitHub에 연동하여 저장하면 아래와 같이 여러분이 작업한 코드가 업로드된 것을 확인할 수 있습니다.

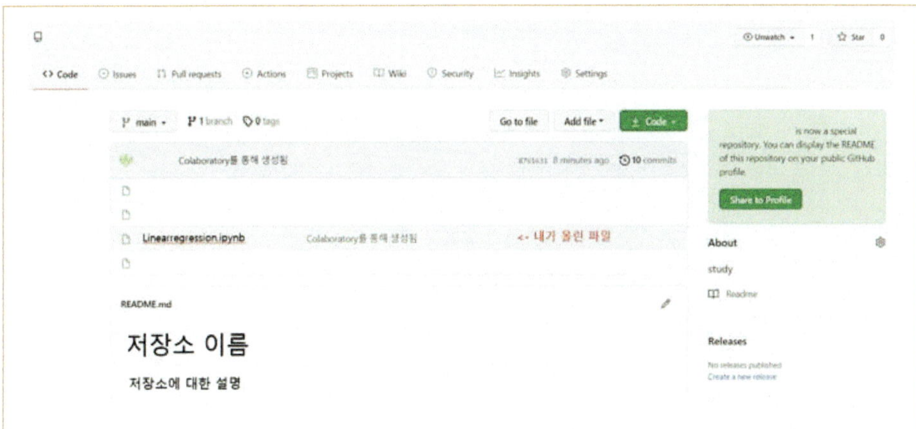

여러분의 데이터를 GitHub 저장소에 'Add file > Upload files'을 통해서 쉽게 업로드할 수 있고 또 필요할 때 내려받을 수 있습니다. 아래의 manhattan.csv 데이터를 다운로드하는 방법은 아래와 같습니다.

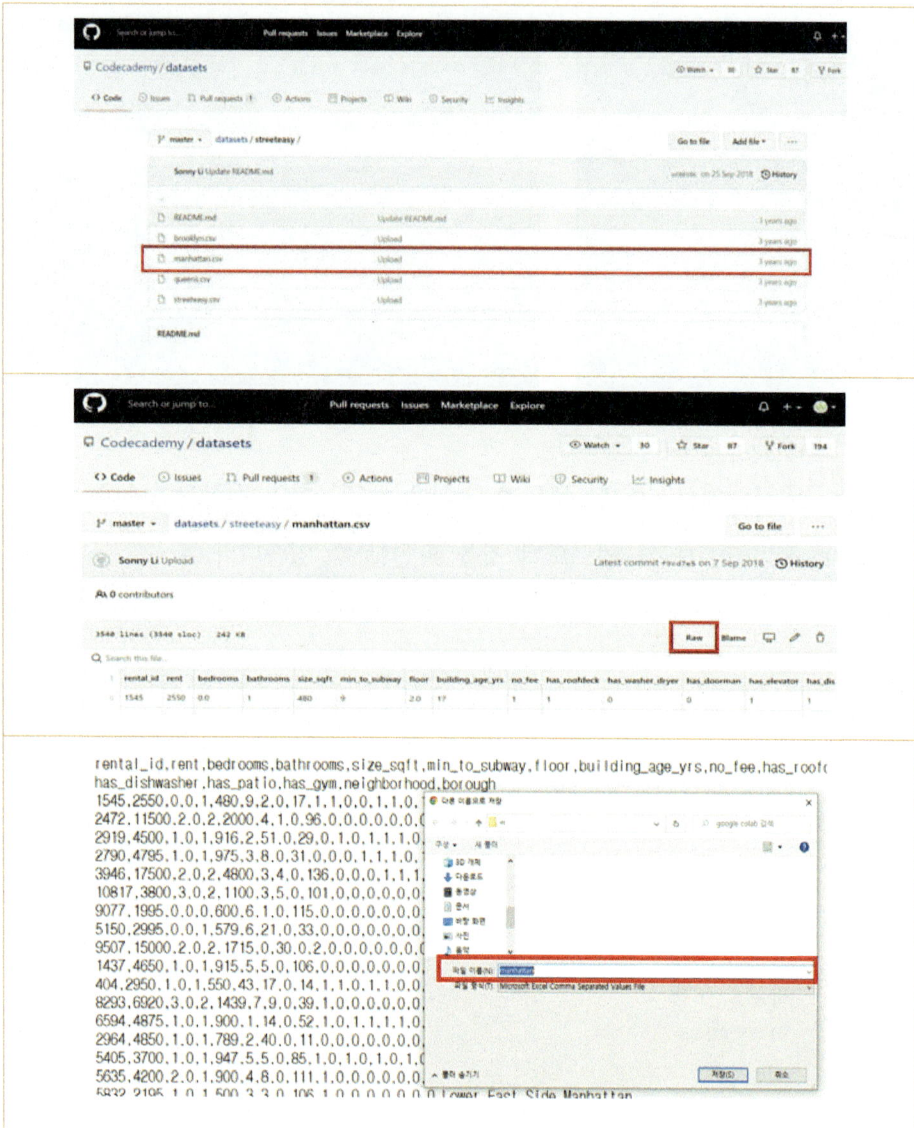

위와 같이 dataset에서 Raw를 누르면, 쉼표(,)로 구분된 원 raw 데이터가 나옵니다. 거기서 오른쪽 마우스를 클릭하여 '다른 이름으로' 저장해주면 됩니다. 그런 후 해당 파일을 가지고 분석작업을 하려면 앞서 소개했던 대로 구글 드라이브와 구글코랩을 연동 mount하면 됩니다. 'mount'하는 방법은 다음 절에서 자세히 다루겠습니다.

2 단순 및 다중 선형회귀 분석

구글코랩을 활용해서 단순 선형 및 다중 회귀분석 Linear Regression을 구현해 보겠습니다. 먼저 일반적으로 우리가 알고 있는 단순 선형회귀란 직선 그래프(1차 함수)인 $y=ax+b$ 공식에서 기울기(a)와 절편(b)을 찾는 데 있습니다. 즉 회귀분석은 관찰된 연속형 변수들에 대해 두 변수 사이의 인과성(선형성)을 예측하는 데 오차가 최소가 되는 모형의 적합도를 도출하는 방법입니다. 즉 두 변인 간의 인과적 선형성을 가장 잘 나타내는 기울기와 절편을 찾는 데 목적이 있습니다. 이렇듯 전통적인 통계분석 방법과 유사하게 인공신경망 분석도 기울기와 절편은 입력한 데이터(x)가 어떤 결과(y)에 선형적인 영향을 미치는 데 있어서 어떠한 규칙이나 패턴이 있다고 보고, 이러한 규칙에 대한 예측값을 인공지능이 도출한다는 것입니다.

단순 선형회귀

그러면 구글코랩으로 인공지능을 활용한 단순 선형회귀 Linear Regression 분석을 구현해 보겠습니다. 먼저 데이터가 필요하겠지요. 구글에서 '키 몸무게 데이터'라고 검색하면 쉽게 키에 따른 몸무게를 예측하는 파일을 구할 수 있습니다. 이렇게 입수한 엑셀 데이터를 'heights' 제목과 함께 쉼표분리 csv 파일로 여러분의 컴퓨터에 저장해 놓습니다. 그런 후에 구글코랩에서 인공지능 분석에 필요한 코딩 작업을 진행할 수 있도록 '내 드라이브' – '더보기' – 'colab'을 아래와 같이 클릭해줍니다. 이후에는 구글코랩 노트북 파일명을 'linear regression'으로 변경합니다(혹은 여러분이 쉽게 기억하는 이름으로 변경). 그렇게 한 후에는 사전에 준비한 엑셀 파일 'heights'를 드래그해서 아래와 같이 구글 '드라이브' 위치로 가져다 놓으면 사전 준비가 완료됩니다.

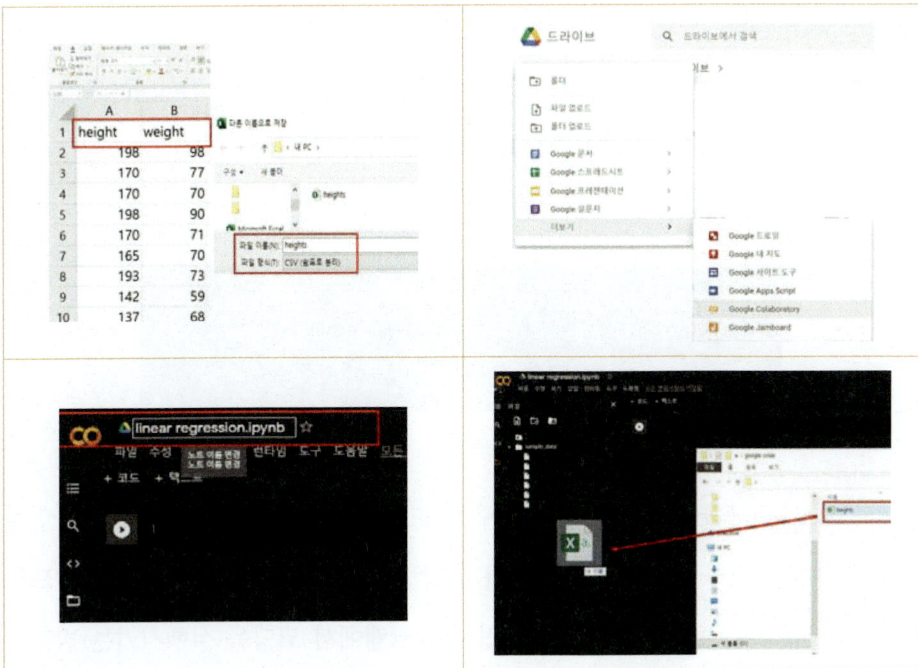

이제부터 본격적으로 구글코랩 환경에서 인공지능을 활용한 전통적인 단순 회귀분석을 진행해 보겠습니다. 먼저 사이킷런(sklearn 또는 skit-learn)에서 회귀분석이 가능한 라이브러리를 가져옵니다. 라이브러리 library란 컴퓨터 연산 효율화를 위해 필요에 따라 이용하는 표준화된 프로그램 모듈을 말합니다. 쉽게 말해서 어떤 연장이나 도구 묶음으로 이해하면 편합니다. 그중에서 Scikit-learn은 파이썬 프로그램 언어에 적합한 무료의 머신러닝 소프트웨어입니다. Scikit-learn은 분류, 회귀예측 등에 유용한 알고리즘입니다. 특히 파이썬의 수리과학 라이브러리인 Python numerical and scientific libraries NumPy, SciPy와 호환이

잘 됩니다.

이처럼 인공지능 학습을 위해 필요한 라이브러리를 'import'해 옵니다. 데이터를 불러올 때 필요한 pandas, 데이터 배열을 바꿀 때 필요한 numpy, 시각화를 위한 matplotlib 라이브러리를 아래와 같은 코딩 작업으로 불러옵니다. 참고로 코랩에서 'code'를 실행시키는 방법은 선택된 셀에서 'Ctrl + Enter'를 치거나, 실행 후 다음 줄로 가려면 'Alt + Enter'를 치면 됩니다.

```
from sklearn.linear_model import LinearRegression
import pandas as pd
import numpy as np
import matplotlib.pyplot as plt
```

다음으로는 구글코랩을 여러분의 구글 드라이브와 연동하는 'mount' 작업을 해주어야 합니다. 마운트에는 두 가지 방법이 있습니다. 아래의 표시된 '드라이브 마운트'를 클릭을 하거나, 직접 구글코랩에서 코딩을 실행시키는 방법이지요. 순서대로 따라 해보기를 바랍니다.

① 드라이브 마운트 클릭 방법

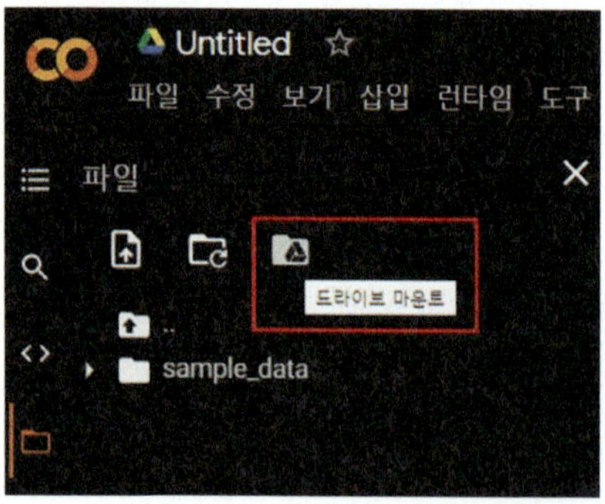

② 코랩 코딩 실행을 통한 마운트 방법

• 아래와 같이 코딩 작업 후 실행시킵니다.

```
from google.colab import drive
drive.mount("/content/drive")
```

• 그러면 아래와 같이 'Go to this URL in a browser' 옆에 인터넷 주소와 확인코드 authorization code 입력창이 나옵니다. 먼저 인터넷 주소를 클릭한 후 '계정선택' 확인과 함께 '로그인'을 하면, 코랩 창에 입력해야 할 확인코드가 나옵니다. 그것을 복사하여 입력해주고 실행하면 마운트가 완료됩니다.

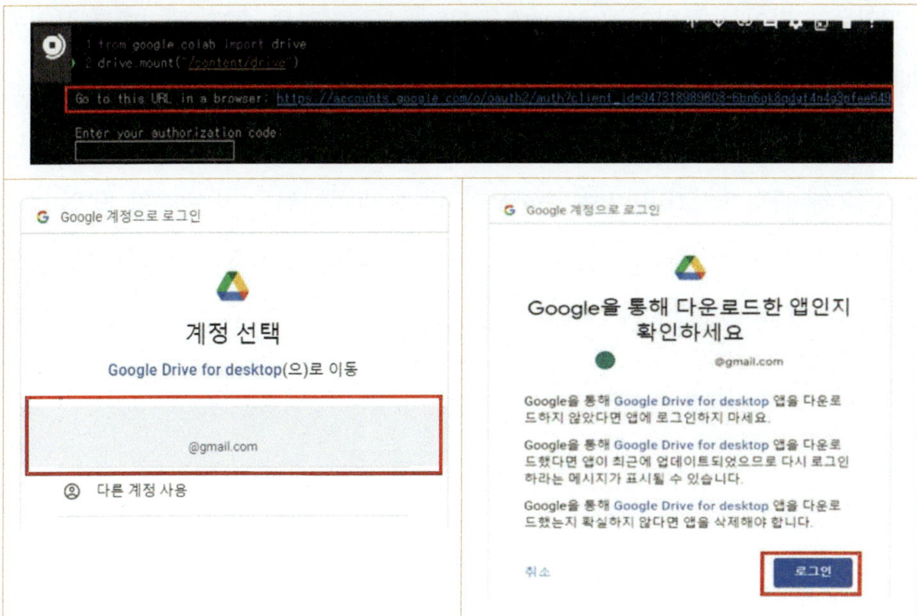

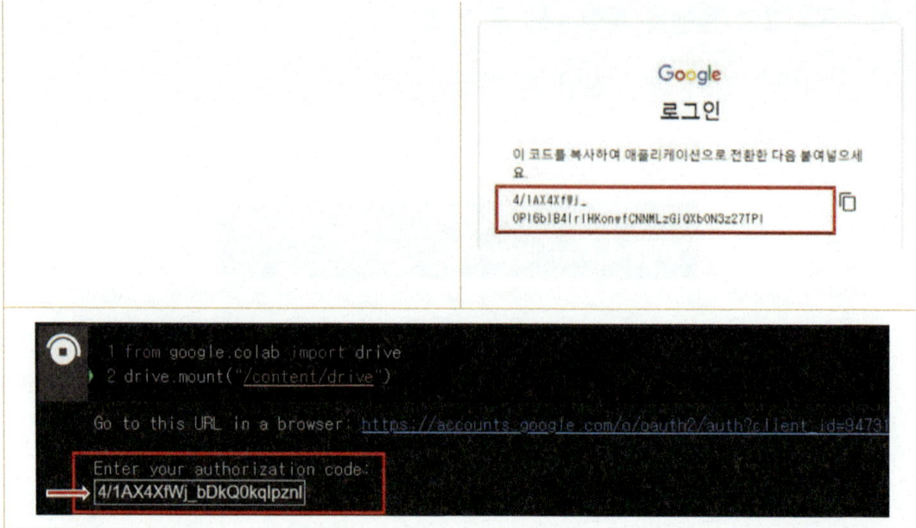

이제 본격적으로 머신러닝 코드를 만들기 위해 앞서 만들어 놓은 'heights' 파일을 불러오는 경로설정 작업을 진행합니다. 파일이름[filename]은 현재 코랩이 구동하고 있는 드라이브 폴더인 '/content/heights.csv'를 지정해 주고, 데이터를 불러올 때 유용한 라이브러리인 pandas[pd]를 이용해서 csv파일을 데이터파일[df]로 정의한 후, 파일의 첫 번째부터 5째줄까지 내용을 한 번 읽어보도록 하는(df.head()) 코딩 작업을 해 줍니다. 그러면 0번 순서부터 4번까지(파이썬은 첫 번째가 '0'임) 5개의 데이터 내용을 보여줍니다.

```
filename ='/content/heights.csv'
df = pd.read_csv(filename)
df.head()
```

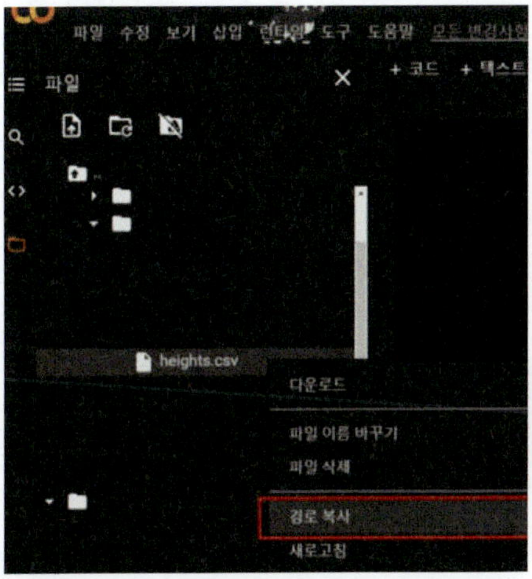

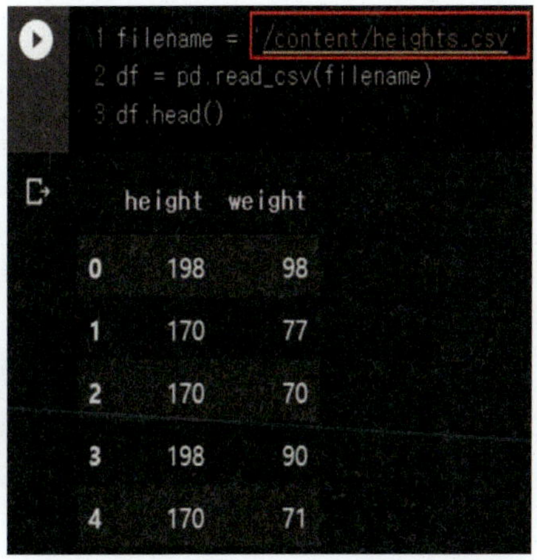

우리가 분석하고자 하는 데이터가 연동되었음을 확인한 후에는 '키'의 크기에 따른 '몸무게'의 분포를 시각화하는 작업을 진행해봅니다. 시각화작업에 필요한 라이브러리인 'matplotlib'에 x와 y축 변인을 지정한 아래의 코딩 입력과 실행을 진행하면 오른쪽과 같은 분포도를 시각적으로 확인할 수 있습니다.

```
x=df['height']
y=df['weight']
plt.plot(x, y, 'o')
plt.xlabel('height')
plt.ylabel('weight')
```

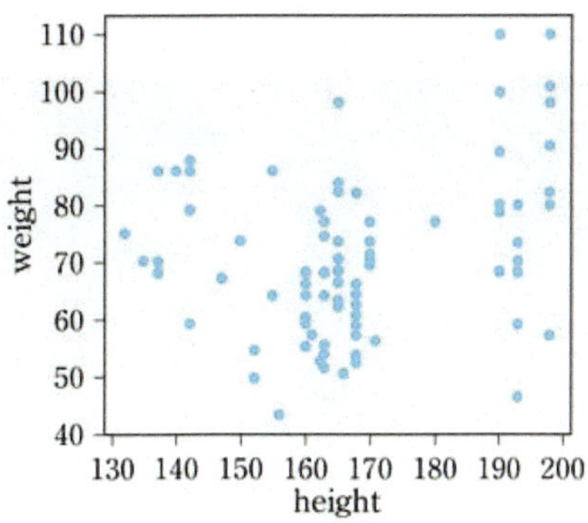

이제까지 우리는 분석하고자 하는 데이터를 연동하고 데이터에 라벨링을 해주고 시각적으로 어떤 형태인지를 파악했습니다. 지금부터 본격적으로 머신러닝을 분석할 때 필요한 sklearn 사이킷런으로부터 호출한 선형회귀분석(LinearRegression()) 모형을 구축 fit하는 코딩 작업을 아래와 같이 입력하고 실행해 보겠습니다(x.values.reshape(−1, 1)을 넣어 준 이유는 x는 2차원 array 형태여야 하기 때문).

```
line_fitter = LinearRegression()
line_fitter.fit(x.values.reshape(-1,1),y)

LinearRegression(copy_X=True, fit_intercept=True, n_jobs=None, normalize=False)
```

이렇게 하면 우리가 입력한 엑셀데이터 heights에 대해 머신러닝이 구동하는 모형이 도출되었습니다 fit. 단순선형회귀 모형의 기울기와 절편값을 확인하는 코딩을 아래와 같이 입력하면 컴퓨터가 학습한 선형회귀 모형의 기울기를 오른쪽과 같이 시각적으로 제시해 줍니다. 단순 선형 회귀분석의 계수는 '0.225'이고 절편은 '32.660'임을 알 수 있습니다.

```
line_fitter.coef_

array([0.2246605])

line_fitter.intercept_

32.66041436237762

plt.plot(x, y, 'o')
plt.plot(x, line_fitter.predict(x.values.reshape(-1, 1)))
plt.show()
```

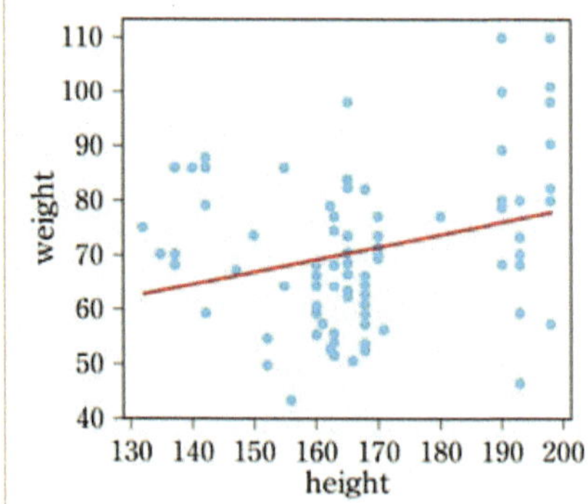

이제 이 모형을 통해서 새로운 '키'에 대한 입력값을 넣었을 때 인공지능 프로그램은 해당하는 키에 대한 몸무게가 어느 정도인지를 예측해 주는 것이지요. 이를 확인하기 위해 키 입력을 '172'로 넣어보면 약 71.3kg의 몸무게를 가진다는 결과를 도출해 줍니다.

```
1 line_fitter.predict([[172]])
array([71.30202061])
```

즉 우리가 가지고 있는 'height' 엑셀 데이터가 보여준 사람의 키(x)와 몸무게(y)를 컴퓨터가 학습함으로써 어떠한 데이터가 새롭게 입력되더라도 인공지능 모형은 1차 그래프 함수인 $y=0.225x+32.660$식의 방법으로 키에 따른 몸무게를 예측해 줍니다.

다중 선형회귀

이제 구글코랩을 활용하여 다중 선형회귀 Multiple Linear Regression 분석을 진행해 보겠습니다. 앞서 살펴본 단순 선형회귀처럼 어떠한 현상에 대한 원인과 결과가 1:1의 관계가 아니라 여러 변인의 영향으로 복잡하게 나타나는 게 일상적이지요. 이렇듯 여러 개의 독립변수(x_n)가 종속변수(y)에 미치는 인과적 관계를 분석할 때 다중 선형회귀를 활용합니다. 방정식으로 표현하면, $y=b+w_1x_1+w_2x_2+....w_nx_n$입니다. 종속변수 하나에 독립변수 두 개만 있어도 3차원 형식으로 시각화할 수 있지만, 변수가 많아지면 차원을 초월하여 인간이 인지하기 어렵기에 통계적인 다중 선형회귀 방정식으로 문제를 풀어나갑니다.

그러면 다중 선형회귀분석을 구글코랩에서 인공지능이 어떻게 풀어가는지를 실제로 연습해 보겠습니다. 통상적인 인공지능을 통한 분석은 [패키지 import] →[데이터 로딩 및 구조확인]→[데이터 변환, 모델링과 학습 및 적용]→[시각화] 순으로 이뤄집니다. 이번에 살펴볼 예제는 미국 보스턴 Boston 집값 예측입니다. 사이킷런 sklearn 패키지 데이터 셋에는 보스턴 주택가격 예측 데이터를 내장하고 있기때문에 쉽게 load_boston() 명령어를 통해서 보스턴 주택가격 예측 데이터를 불러올 수 있습니다. 먼저 단순 선형회귀분석에서 했던 것처럼 코랩과 구글 드라이브를 연결하는 'mount' 작업을 설정해 줍니다.

```
from google.colab import drive
drive.mount('/content/drive')

Drive already mounted at /content/drive; to attempt to forcibly remount,
```

[패키지 import] 이어서 분석에 필요한 패키지를 호출 import 하고 데이터를 로딩합니다. 사이킷런의 회귀분석 라이브러리, 통계데이터 시각화에 유용한 씨본 seaborn 라이브러리 등 필요한 라이브러리를 구글코랩에 입력하여 불러옵니다.

```
from sklearn.linear_model import LinearRegression
import pandas as pd
import numpy as np
import matplotlib.pyplot as plt
import sklearn
import seaborn as sns
```

[데이터 로딩과 구조확인]을 위해 사이킷런 데이터셋에서 보스턴 주택가격 예측자료를 불러오는 코딩 작업을 입력해 주고 from sklearn.datasets import load_boston, 호출한 보스턴 자료(load_boston)를 'boston'으로 정의해줍니다(boston=load_boston()). 그런 후에 보스턴 자료의 데이터 구조를 살피기 위해 'boston.keys()'을 입력하고 실행하면 우리가 살피는 데이터 구조에 대한 설명이 나옵니다. dict_keys ['data', 'target', 'feature_names', 'DESCR', 'filename']). 데이터의 key는 독립 feature 변인 데이터 'data', 종속변수(숫자 결괏값) 데이터 'target', 독립변수명 'feature_names', 데이터에 대한 설명 'DESCR', 그리고 파일명 'filename'으로 구성된 딕셔너리 dictionary 자료임을 알 수 있습니다.

```
from sklearn.datasets import load_boston
boston = load_boston()
boston.keys()

dict_keys(['data', 'target', 'feature_names', 'DESCR', 'filename'])

print(boston.data.shape, boston.target.shape)
print(boston.feature_names)

(506, 13) (506,)
['CRIM' 'ZN' 'INDUS' 'CHAS' 'NOX' 'RM' 'AGE' 'DIS' 'RAD' 'TAX' 'PTRATIO'
 'B' 'LSTAT']
```

다음으로 보스톤 자료의 구체적인 독립변수명과 종속변수, 그리고 전체적인 데이터 사이즈를 알기 위해서 'print(boston.data.shape, boston.target.shape)'로 출력해보면 전체 데이터 사례 수는 505개이며, 독립변수 feature는 13개, 종속변수는 1개입니다. 이어서 구체적인 독립변수 feature 이름을 출력해보면 'print (boston.feature_names)' 13개의 독립변수임을 알 수 있습니다['CRIM' 'ZN' 'INDUS' 'CHAS' 'NOX' 'RM' 'AGE' 'DIS' 'RAD' 'TAX' 'PTRATIO' 'B' 'LSTAT']. 참고로 CRIM: 범죄율, INDUS: 비소매 상업지역 면적 비율, NOX: 일산화질소 농도, RM: 주택당 방 수, LSTAT: 인구 중 하위계층 비율, B: 인구 중 흑인 비율, PTRATIO: 학생/교사 비율, ZN: 25,000 평방 피트를 초과 거주지역 비율, CHAS: 찰스강의 경계에 위치한 경우는 1, 아니면 0, AGE: 1940년 이전에 건축된 주택의 비율, RAD: 방사형 고속도로까지의 거리, DIS: 직업센터의 거리, TAX: 재산세율, MEDV: 본 데이터의 종속변수 target 로서 보스턴 506개 도시의 1978년 주택가격 중앙값(단위 1,000달러)입니다.

```
dfx = pd.DataFrame(boston.data, columns=boston.feature_names)
dfy = pd.DataFrame(boston.target, columns=['MEDV'])
boston_df = pd.concat([dfx, dfy], axis=1)
boston_df.tail()
```

	CRIM	ZN	INDUS	CHAS	NOX	RM	AGE	DIS	RAD	TAX	PTRATIO	B	LSTAT	MEDV
501	0.06263	0.0	11.93	0.0	0.573	6.593	69.1	2.4786	1.0	273.0	21.0	391.99	9.67	22.4
502	0.04527	0.0	11.93	0.0	0.573	6.120	76.7	2.2875	1.0	273.0	21.0	396.90	9.08	20.6
503	0.06076	0.0	11.93	0.0	0.573	6.976	91.0	2.1675	1.0	273.0	21.0	396.90	5.64	23.9
504	0.10959	0.0	11.93	0.0	0.573	6.794	89.3	2.3889	1.0	273.0	21.0	393.45	6.48	22.0
505	0.04741	0.0	11.93	0.0	0.573	6.030	80.8	2.5050	1.0	273.0	21.0	396.90	7.88	11.9

[데이터 변환] 단계입니다. 다중회귀분석을 위한 데이터 변환과 모델링 및 기계학습을 진행해 보겠습니다. 판다스 pandas 라이브러리를 활용해서 보스턴자료를 분석하기 위해서는 데이터 프레임형태 DataFrame 로 변환해 주어여 합니다. 독립변수(x) 행렬과 종속변수(y) 벡터를 아래와 같이 정의(df)한 후에 두 개의 변수(x,y) 데이터를 하나의 데이터 프레임으로 묶어 줍니다. 제대로 합쳐졌는

지를 확인하기 위해서 데이터파일(df)의 마지막 5개를 보여주는 코딩(tail())을 입력한 후 실행합니다.

[모델링과 데이터 학습 및 적용] 단계입니다. 머신러닝이 다중회귀분석을 한다는 것은 모형을 정의하고(LineRegression()), 데이터를 학습(model.fit(x,y))한 후에 새로운 입력변수에 적용(model.predict())해 보는 것입니다. 독립변수는 13개의 특성이고, 종속변수는 주택가격 MEDV입니다. 여기서 중요한 것은 훈련 train 데이터와 평가 test 데이터를 나누어(train_test_split) 모델의 설명력(적합도)을 확인하는 절차가 필요합니다.

```
from sklearn.model_selection import train_test_split
x = boston_df[['CRIM', 'ZN', 'INDUS', 'CHAS', 'NOX', 'RM', 'AGE', 'DIS', 'RAD', 'TAX', 'PTRATIO', 'B' ,'LSTAT']]
y = boston_df[['MEDV']]
x_train, x_test, y_train, y_test = train_test_split(x, y, train_size = 0.8, test_size = 0.2)
```

훈련-평가 데이터로 분류하고(우리는 훈련은 80%, 평가는 20%로 하였습니다), 다중 회귀모형을 훈련 데이터에 적용해서 학습시켜보는 코딩 fit은 아래와 같습니다.

```
from sklearn.linear_model import LinearRegression

mtrg = LinearRegression()
mtrg.fit(x_train, y_train)
```

이렇게 만들어진 다중 선형회귀모형에 대해, 이제 새로운 입력값을 넣어주었을 때 예측하는 결과가 어떻게 나오는지 한번 적용해 보겠습니다. 방 개수 4개 등 13개의 독립변수에 해당하는 임의의 값들을 넣어주었더니 약 '17.453'란 숫자가 나왔습니다. 즉, 우리가 입력한 조건에서 1978년 보스턴의 주택가격은 '만 7천 4백 53달러'라고 예측해 준 것입니다.

```
my_apt = [[0.07,  0,  12, 0,  0.5,  4,  50, 2.8,  1,  200,  20, 300,  5]]
my_predict = mtrg.predict(my_apt)
print(my_predict)

[[17.45316854]]
```

그렇다면 이렇게 훈련데이터를 통해 도출한 예측모형이 얼마만큼 설명력을 갖는지를 'score(x_train, y_train)' 메소드로 확인할 수 있습니다. 훈련모형은 약 74.93%의 정확도를 보이고 있고, 각 회귀계수와 절편도 확인할 수 있습니다 (절편은 35.552).

```
print(mtrg.score(x_train, y_train))
print(mtrg.coef_)
print(mtrg.intercept_)

0.7493781246150726
[[-1.25996251e-01  4.68765244e-02  3.19756797e-02  3.11163089e+00
  -1.98037713e+01  4.00706463e+00 -2.89669450e-03 -1.51904407e+00
   3.28154219e-01 -1.26109584e-02 -9.18293903e-01  9.48450453e-03
  -4.97449814e-01]]
[35.55187863]
```

[시각화] 단계입니다. 이렇게 학습을 통해 도출한 예측모형이 실제 값과 어느 정도 유사한지를 시각화해 확인하고, 전체적인 변인들과의 관계도 Matplotlib 라이브러리를 통해 구현할 수 있습니다. 먼저 종속변수 MEDV와 다른 변수들과의 상관관계를 파악하기 위해서는 씨본seaborn의 sns.pairplot 메소드를 활용하여 아래와 같이 코딩을 입력해주면 확인할 수 있습니다.

```
1 sns.pairplot(boston_df[['LSTAT','RM','AGE','MEDV']])
2 plt.show()
```

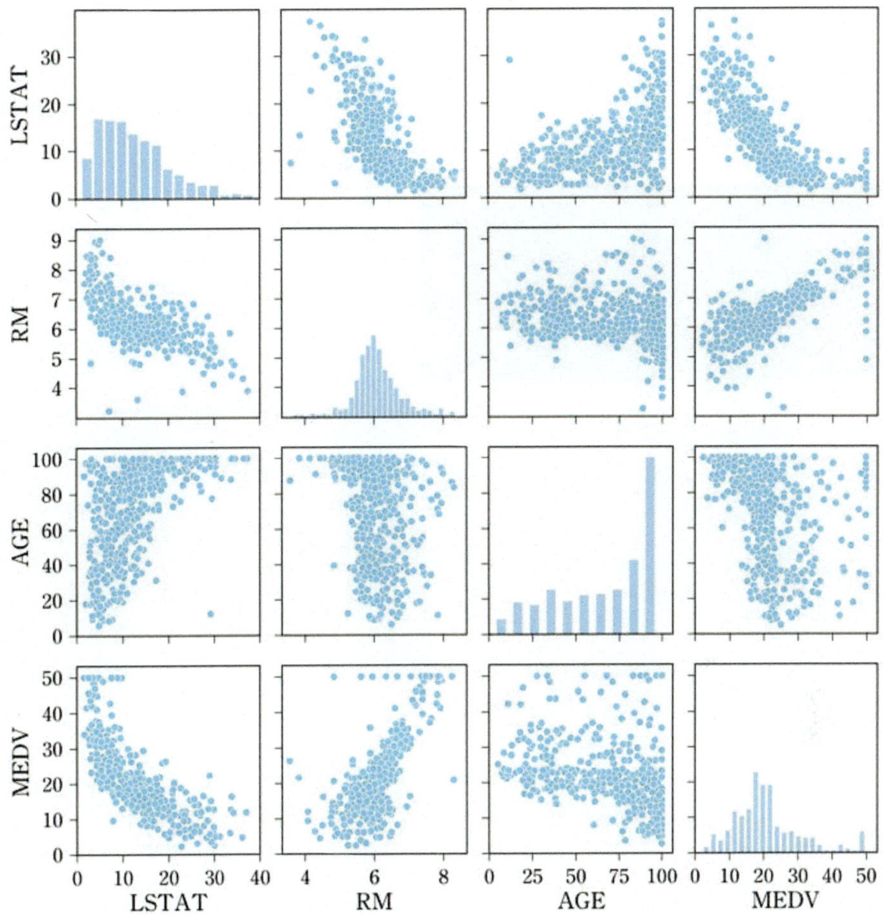

위 상관관계 도표가 보여주듯이 주택가격은 방 개수 RM가 많으면 올라가고, 인구 중 하위계층 LSTAT이 많아지면 줄어드는 부적 상관관계를 나타내며, 건물의 연식 AGE과는 상관이 없음을 보여줍니다.

최종적으로 'Multiple Linear Regression' 그림이 보여주고 있듯이 x축은 실제 주택가격이고, y축은 기계학습을 통해 도출한 다중 선형회귀 모형이 예측한 주택가격입니다. 모형의 정확도가 높아지면 선형의 관계가 나타남을 시각적으로 확인할 수 있습니다.

```
y_predict = mtrg.predict(x_test)
import matplotlib.pyplot as plt
plt.scatter(y_test, y_predict, alpha=0.5)
plt.xlabel("Actual Rent")
plt.ylabel("Predicted Rent")
plt.title("Multiple Linear Regression")
plt.show()
```

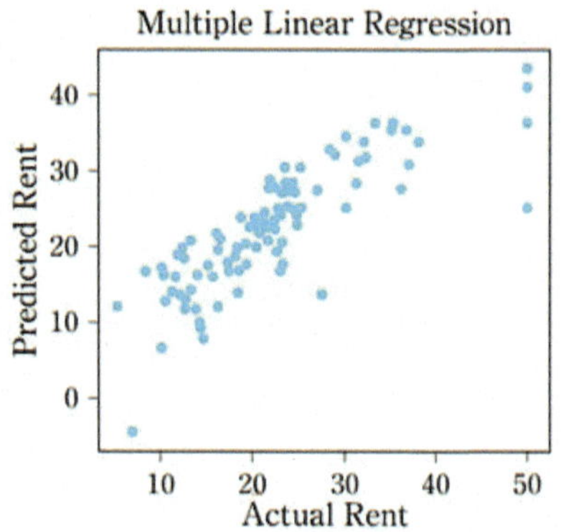

3 ANN 구현 실습

단순한 선형 회귀분석을 넘어서 본격적인 인공신경망 Artificial Neural Networks을 활용한 구현 실습을 진행해 보겠습니다. 아시다시피 인공신경망이란 인간의 뇌 뉴런 neuron 구조를 본떠 만든 모형입니다. 이러한 뉴런들을 학습시키는 것을 기계학습 혹은 머신러닝이라고 합니다.

이제 구글의 엔지니어 프랑소아 숄레 Francois Chollet가 개발한 케라스 Keras라는 라이브러리를 이용할 것입니다. 케라스는 오픈 소스형태의 인공신경망 라이브러리로써 심층적인 기계학습을 가능하게 합니다. 또한 구글 브레인 팀이 개발한 텐서플로 TensorFlow는 케라스 Keras를 통합하여 머신러닝 및 딥러닝 모델을 쉽게 구축하고 즉시 실행할 수 있는 라이브러리입니다. 텐서 Tensor와 플로 Flow라는 이름에서 알 수 있듯이 텐서 Tensor 데이터를 컴퓨터 연산 그래프 구조 Computational Graph 루트를 통해 순서대로 흘러가면서 딥러닝에 필요한 복잡한 연산을 빠르고 효율적으로 처리할 수 있습니다. 따라서 우리는 인공신경망을 활용한 자동차 연비 예측 모형을 구현해 보기 위해서 케라스와 텐서플로 라이브러리를 주로 이용합니다.

우리는 인공신경망으로 구현 실습을 위해 캘리포니아 공과대학 Donald Bren School of Information and Computer Sciences, University of California에서 제공하고 있는 1970년대 후반과 1980년대 초반의 자동차 연비 mpg: miles per gallon 데이터를 활용합니다. 데이터는 자동차 엔진의 실린더 수, 배기량, 마력 horsepower, 공차 중량 같은 속성들을 포함하고 있습니다.

라이브러리 import / 데이터 다운로드 및 연동

keras에 필요한 텐서플로 등 라이브러리들을 불러오고, 구글 드라이브와 코랩을 연동 mount하고, auto-mpg 데이터를 가져옵니다. 그렇게 하면 케라스에 auto-mpg를 불러왔다는 '/root/.keras/datasets/auto-mpg.data' 메시지가 나옵니다.

```
import pathlib

import matplotlib.pyplot as plt
import pandas as pd
import seaborn as sns

import tensorflow as tf
from tensorflow import keras
from tensorflow.keras import layers
```

```
from google.colab import drive
drive.mount('/content/drive')
```

dataset-path의 주소:
http://archive.ics.uci.edu/ml/machine-learning-databases/auto-mpg/auto-mpg.data

```
dataset_path = keras.utils.get_file("auto-mpg.data", "http://archive.ics.uci.edu/ml/machine-learning-databases/auto-mpg/auto-mpg.data")
dataset_path

'/root/.keras/datasets/auto-mpg.data'
```

이제 원 데이터의 열(colum_names)을 읽어오면서, csv 파일을 pandas를 이용하여 데이터프레임 형태로 읽어옵니다(pandas pd.read_csv). 이때 "?"와 같은 에러 값들은 na_values를 이용해서 NaN Not a Number 값으로 대체하고, 빈 공백을 구분자(sep = " ")로 인식하고, 데이터의 공백은 무시하며(skipinitialspace = True), 마지막 5개의 데이터를 보여주라는(dataset.tail()) 코딩을 아래와 같이 실행합니다.

```
column_names = ['MPG','Cylinders','Displacement','Horsepower','Weight', 'Acceleration', 'Model Year', 'Origin']
raw_dataset = pd.read_csv(dataset_path, names=column_names, na_values = "?", comment='\t', sep=" ", skipinitialspace=True)

dataset = raw_dataset.copy()
dataset.tail()
```

그렇게 하면 아래와 같이 연비, 엔진실린더, 배수량[displacement], 마력, 무게, 가속, 연식, 기원 변수(열)에 대해 398개의 행으로 구성된 데이터프레임이 도출됩니다.

	MPG	Cylinders	Displacement	Horsepower	Weight	Acceleration	Model Year	Origin
393	27.0	4	140.0	86.0	2790.0	15.6	82	1
394	44.0	4	97.0	52.0	2130.0	24.6	82	2
395	32.0	4	135.0	84.0	2295.0	11.6	82	1
396	28.0	4	120.0	79.0	2625.0	18.6	82	1
397	31.0	4	119.0	82.0	2720.0	19.4	82	1

데이터 정제하기

이렇게 불러온 데이터에 결측치들이 있는지를 확인하고 누락된 행을 삭제 처리하는 데이터 정제 작업을 진행합니다. 데이터셋에서 not available한 데이터가 있는지를 확인하고 결과를 종합합니다(dataset.isna().sum()). 아래 종합[sum]한 바와 같이 마력[horsepower] 열에 대한 입력값이 6개가 누락되어 있다고 보여줍니다. 그러면 누락 데이터의 행을 drop[삭제]하는 dropna() 코딩을 실행한 후에 보면, '마력' 열의 누락 값이 '0'으로 변한 것을 보여줍니다.

```
1 dataset.isna().sum()
```

```
1 dataset = dataset.dropna()
```

```
MPG             0
Cylinders       0
Displacement    0
Horsepower      6
Weight          0
Acceleration    0
Model Year      0
Origin          0
dtype: int64
```

```
MPG             0
Cylinders       0
Displacement    0
Horsepower      0
Weight          0
Acceleration    0
Model Year      0
Origin          0
dtype: int64
```

데이터프레임 중 'Origin' 열은 수치형이 아니고 범주형(문자로 구분되어있는) 이므로 원-핫 인코딩 One-Hot Encoding을 통해 원-핫 벡터 One-Hot vector로 변환해 줍니다. 원-핫 인코딩 One-Hot Encoding이란 컴퓨터가 연산에 직접적으로 사용할 수 없는 단어나 범주형 정보를 벡터(0이나 1)로 표현하는 방식을 말합니다. dataset에서 'Origin' 열을 'pop' 메소드를 통해서 returns 받으면서 'Origin' 대신에 미국, 유럽, 일본 열을 추가하여 관련한 국가 원산지에 해당하면 '1', 아니면 '0'을 주어 벡터로 만들어 줍니다.

```
origin = dataset.pop('Origin')
```

```
dataset['USA'] = (origin == 1)*1.0
dataset['Europe'] = (origin == 2)*1.0
dataset['Japan'] = (origin == 3)*1.0
dataset.tail()
```

	MPG	Cylinders	Displacement	Horsepower	Weight	Acceleration	Model Year	USA	Europe	Japan
393	27.0	4	140.0	86.0	2790.0	15.6	82	1.0	0.0	0.0
394	44.0	4	97.0	52.0	2130.0	24.6	82	0.0	1.0	0.0
395	32.0	4	135.0	84.0	2295.0	11.6	82	1.0	0.0	0.0
396	28.0	4	120.0	79.0	2625.0	18.6	82	1.0	0.0	0.0
397	31.0	4	119.0	82.0	2720.0	19.4	82	1.0	0.0	0.0

데이터 스크리닝과 분할 및 모델링 준비

데이터 정제가 끝났으면 훈련 train – 테스트 test 데이터를 분리하고, 훈련데이터의 변수 간의 상관관계와 기본적인 통계를 점검해 봅니다. 테스트 데이터는 나중에 모형에 대한 최종 평가에 활용합니다. 모델링 과정에서는 훈련데이터를 중심으로 산점도 행렬과 기초 통계를 살핀 후 모델을 확정합니다. 우선 'train_dataset'와 'test_dataset'을 분할하고 전체 데이터 셋에서 훈련데이터를 제외한 테스트 데이터를 만드는 drop 코딩을 입력합니다. 훈련데이터는 무작위로 데이터를 추출하는 sample() 메소드를 이용하여 전체 데이터 중 80%를 추출합니다(frac=0.8, random_state=0).

```
train_dataset = dataset.sample(frac=0.8,random_state=0)
test_dataset = dataset.drop(train_dataset.index)
```

다음으로는 모델링을 구축하기 전에 훈련데이터에서 변수 간의 상관관계와 기초 통계를 살펴봄으로써 모델링에 반영될 데이터의 특성을 파악합니다. 자동차 연비 예측모형에 반영할 변수들을 몇 개 정도 선별해서 아래와 같은 코딩으로 산점도 행렬을 만들어 봅니다. 'matplotlib'으로도 산점도 행렬을 그릴 수 있지만 간단한 코딩으로 가독성 높은 시각화 자료를 제공하는 'seaborn' sns 을 활용하여 산점도 대각원소 자리에 히스토그램(diag_kind='hist')을 넣어 작업한 결과를 확인할 수 있습니다.

```
sns.pairplot(train_dataset[["MPG", "Cylinders", "Acceleration", "Horsepower"]], diag_kind="kde")
```

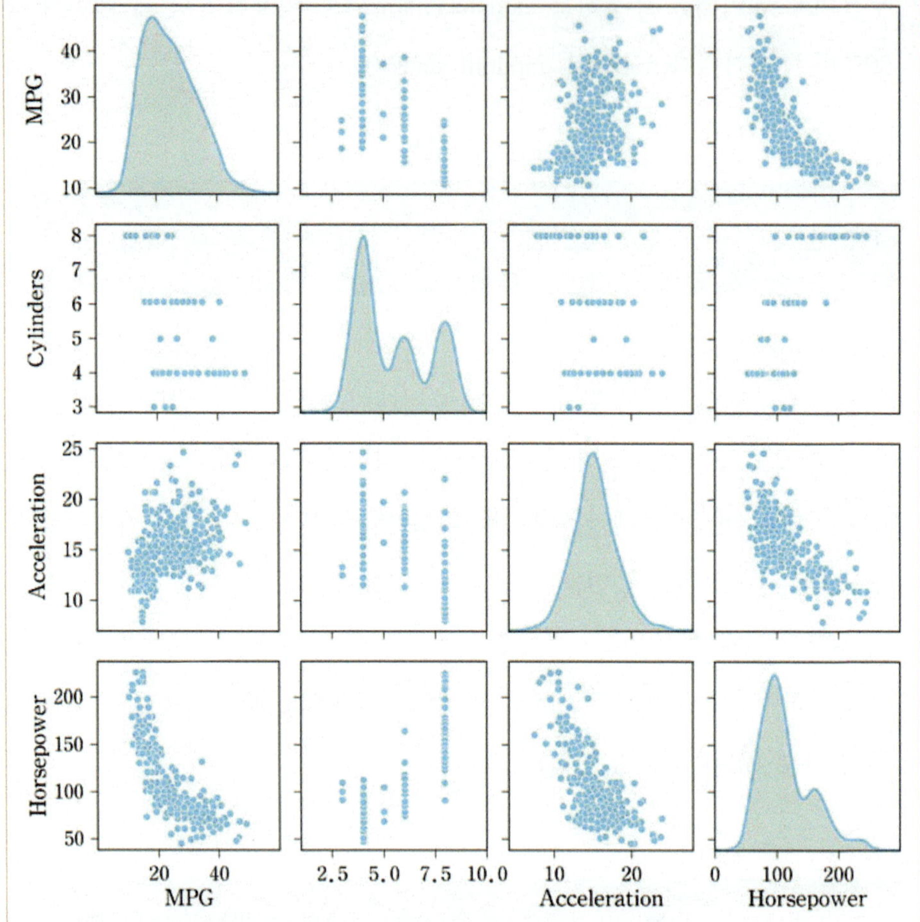

위에 제시한 산점도 행렬을 보면 연비 MPG는 엔진 실린더 Cylinders와 상관관계가 없고, 가속 Acceleration과 정적(+)인 관계, 마력 Horsepower는 부적(−)인 관계를 보이는 듯합니다. 이어서 훈련 데이터에서 종속변수 MPG에 대한 전체적인 변수의 기초 통계를 아래와 같은 코딩으로 살펴봅니다.

```
train_stats = train_dataset.describe()
train_stats.pop("MPG")
train_stats = train_stats.transpose()
train_stats
```

	count	mean	std	min	25%	50%	75%	max
Cylinders	314.0	5.477707	1.699788	3.0	4.00	4.0	8.00	8.0
Displacement	314.0	195.318471	104.331589	68.0	105.50	151.0	265.75	455.0
Horsepower	314.0	104.869427	38.096214	46.0	76.25	94.5	128.00	225.0
Weight	314.0	2990.251592	843.898596	1649.0	2256.50	2822.5	3608.00	5140.0
Acceleration	314.0	15.559236	2.789230	8.0	13.80	15.5	17.20	24.8
Model Year	314.0	75.898089	3.675642	70.0	73.00	76.0	79.00	82.0
USA	314.0	0.624204	0.485101	0.0	0.00	1.0	1.00	1.0
Europe	314.0	0.178344	0.383413	0.0	0.00	0.0	0.00	1.0
Japan	314.0	0.197452	0.398712	0.0	0.00	0.0	0.00	1.0

이이서 pandas의 describe() 메소드를 통해 각 변수가 가진 통계치들을 확인할 수 있습니다. 위 기초통계 결과는 예측변수 MPG를 제외하고 데이터의 열과 행 축을 전환하여 transpose 보여준 결과입니다. 전체 데이터의 80%이기 때문에 'count'는 314개이고, 변수별 평균과 표준편차, 최대 및 최솟값을 제시해 주고 있습니다. 통계를 보면 예측변수들의 평균값은 0.19 ~ 2990.25로 특성의 스케일이 천차만별입니다. 이럴 때는 데이터를 정규화 normalization하여 모델훈련에 반영합니다. 특히 훈련데이터뿐만 아니라 테스트 데이터에도 동일하게 정규화 처리를 하는 코딩입력은 아래와 같습니다.

```
def norm(x):
  return (x - train_stats['mean']) / train_stats['std']
normed_train_data = norm(train_dataset)
normed_test_data = norm(test_dataset)
```

우리가 모형을 학습시키는 것은 구축된 인공신경망 모형이 타겟 값을 얼마나 잘 예측하는지를 보는 것이지요. 본격적인 모델링에 앞서 우리가 예측하고자 하는 자동차 연비 MPG인 타겟 값을 훈련/테스트 데이터에서 분리해 놓습니다.

```
train_labels = train_dataset.pop('MPG')
test_labels = test_dataset.pop('MPG')
```

모델링: 모형구성과 환경설정

이제부터 인공신경망모형을 구성해 보겠습니다. 인공신경망모형을 만들기(build_model) 위해서는 keras가 제공하는 Seqential Model을 이용합니다. Seqential Model은 순차적으로 층 layer을 더해나가는 방식인데요. 우리는 입력층 input layer 다음에 두 개의 완전연결 fully connected 은닉층 hidden layer과 활성화함수와 함께 출력층 1개를 설정하겠습니다.

```
def build_model():
  model = keras.Sequential([
    layers.Dense(64, activation='relu', input_shape=[len(train_dataset.keys())]),
    layers.Dense(64, activation='relu'),
    layers.Dense(1)])

  model.compile(loss='mse',
                optimizer='adam',
                metrics=['mae', 'mse'])
  return model
model = build_model()
```

인공신경망모형은 순차적(Sequential())으로 입력 kyes층 9개 노드 다음에 첫 번째 은닉층(64개 노드)와 ReLu함수, 두 번째 은닉층(64개 노드) 다음으로 활성화함수 ReLu를 통해서 최종 출력층(1)이 도출되도록 모형을 구성하였습니다.

다음으로는 인공신경망이 학습을 할 수 있도록 환경설정을 해주어야 합니다. 모형의 학습을 위해 손실함수 loss function, 최적화 optimizer, 측정함수 metrics를 지정함으로써 오차를 최소화하고 과적합 문제를 방지하도록 합니다. 우리는 손실함수 loss를 MSE Mean Squared Error로 입력했고, 최적화는 'adam', 측정함수는 'mae', 'mse'로 하였습니다. 이렇게 구축한 신경망모형을 종합적으로 살펴보는 코딩(model.summary()) 메서드로 확인해 봅니다.

```
Model: "sequential_2"
_________________________________________________________________
Layer (type)                 Output Shape              Param #
=================================================================
dense_6 (Dense)              (None, 64)                640
_________________________________________________________________
dense_7 (Dense)              (None, 64)                4160
_________________________________________________________________
dense_8 (Dense)              (None, 1)                 65
=================================================================
Total params: 4,865
Trainable params: 4,865
Non-trainable params: 0
_________________________________________________________________
```

위와 같이 sequential 모형은 총 4,865개의 파라미터를 가진(입력1-은닉2-출력1) 인공신경망임을 확인할 수 있습니다. 이에서 우리가 구축한 순차적인 인공신경망모형이 제대로 작동하는 지를 한 번 점검하고 넘어가 가겠습니다.

```
example_batch = normed_train_data[:10]
example_result = model.predict(example_batch)
example_result
```

```
array([[-0.64693564],
       [-0.61241496],
       [ 0.0153043 ],
       [-1.0743797 ],
       [-1.094885  ],
       [-0.14388208],
       [-1.1934984 ],
       [-1.206013  ],
       [-0.05057406],
       [-0.99612933]], dtype=float32)
```

위와 같이 사전에 정규화한 'normed_train_data' 훈련 데이터에서 10개의 샘플을 묶음으로 뽑아내어 'example_batch'으로 정의하고, 우리가 구축한 인공신경망모형 model이 제대로 예측하는지(model.predict(example_batch))를 결과로 확인하면 10개의 결괏값이 도출되어 모형이 제대로 작동하는지를 확인할 수 있습니다.

모델 학습: 가중치 업데이트

다음으로는 우리가 생성한 모형을 학습[훈련]시키는 단계입니다. Keras에서 인공신경망의 학습은 fit()함수를 사용합니다. model.fit 함수에는 입력데이터(normed_train_data), 결과데이터(traind_labels), 그리고 한 번 학습에 사용하는 데이터 묶음 단위를 batch_size라고 합니다. 훈련 데이터의 가중치를 전체적으로 업데이트[학습]하는 횟수는 'epoch'라고 합니다. 또 keras에서는 callbacks. Callback 클래스를 통해서 훈련, 테스트 및 예측 등 다양한 학습 단계에서 호출되는 메서드 세트를 정의할 수 있습니다. 우리도 인공신경망모형 전체를 한번 학습할 때마다 점(.)이 출력되도록 callbacks=[PrintDot()]을 정의해서 1,000번의 에포크마다 점을 프린트하는 모델 학습[fit] 과정을 'history' 객체로 기록하고자 합니다. 이에 대한 코딩을 아래와 같이 입력합니다.

```
class PrintDot(keras.callbacks.Callback):
  def on_epoch_end(self, epoch, logs):
    if epoch % 100 == 0: print('')
    print('.', end='')

EPOCHS = 1000

history = model.fit(
  normed_train_data, train_labels,
  epochs=EPOCHS, validation_split = 0.2, verbose=0,
  callbacks=[PrintDot()])
```

위 코딩과 같이 우리는 데이터 분할 시 훈련-테스트로 분류했습니다. 검증은 훈련데이터 내에서 20%를 뽑아내서 훈련데이터가 제대로 학습이 되었는지를 사전에 검증한 후에, 별도의 테스트 데이터를 통해 최종적으로 평가하는 단계를 거친다는 것을 아실 수 있습니다.

위와 같이 우리가 생성한 인공신경망모형이 전체 훈련데이터 셋트를 1,000번 학습한 숫자가 점(.)으로 표시됩니다. 인공신경망모형은 훈련데이터를 가지고 얼마나 학습했는지에 따라 효과는 달라집니다. 반면 너무 많이 훈련을 시키면 테스트 데이터에 지나치게 최적화하는 과적합 Overfitting 현상이 발생합니다. 적절한 학습 횟수를 찾는 것이 필요한데 정해진 룰은 없지만, 통상적으로 500~1,000번의 학습 횟수를 부여하고 있습니다.

학습과정 시각화

이제부터는 우리가 생성한 인공신경망의 학습과정을 시각화해 보겠습니다. 훈련데이터 전체를 한 번 학습할 때마다 통계치의 변화는 아래와 같은 코딩으로 확인할 수 있습니다.

```
hist = pd.DataFrame(history.history)
hist['epoch'] = history.epoch
hist.tail()
```

	loss	mae	mse	val_loss	val_mae	val_mse	epoch
995	2.309032	0.931145	2.309032	9.830768	2.293142	9.830768	995
996	2.304404	0.953548	2.304404	9.977902	2.310792	9.977902	996
997	2.437780	0.987554	2.437780	9.847472	2.308789	9.847472	997
998	2.486048	0.988841	2.486048	9.798178	2.277779	9.798178	998
999	2.380765	0.979650	2.380765	9.544982	2.272970	9.544982	999

본격적인 학습과정에 대한 시각화는 파이선에서 매트랩[MATLAB]과 유사한 그래프를 시각적으로 표현해주는 라이브러리인 matplotlib를 활용하여 그래프 도표 2개(subplot1, 2)를 만들어 보겠습니다. 우리가 생성한 모형이 자동차연비[MPG]를 예측하는 데 있어서 훈련/검증데이터에서 각각 평균오차 절댓값[Mean Abs Error: MAE], 평균오차 제곱값[Mean Square Error: MSE]이 어떻게 나타나는지를 살펴봐야 하기 때문입니다. 이에 대한 코딩과 결과는 아래와 같습니다.

```python
import matplotlib.pyplot as plt

def plot_history(history):
  hist = pd.DataFrame(history.history)
  hist['epoch'] = history.epoch

  plt.figure(figsize=(8,12))

  plt.subplot(2,1,1)
  plt.xlabel('Epoch')
  plt.ylabel('Mean Abs Error [MPG]')
  plt.plot(hist['epoch'], hist['mae'],
           label='Train Error')
  plt.plot(hist['epoch'], hist['val_mae'],
           label = 'Val Error')
  plt.ylim([0,5])
  plt.legend()

  plt.subplot(2,1,2)
  plt.xlabel('Epoch')
  plt.ylabel('Mean Square Error [MPG]')
  plt.plot(hist['epoch'], hist['mse'],
           label='Train Error')
  plt.plot(hist['epoch'], hist['val_mse'],
           label = 'Val Error')
  plt.ylim([0,20])
  plt.legend()
  plt.show()

plot_history(history)
```

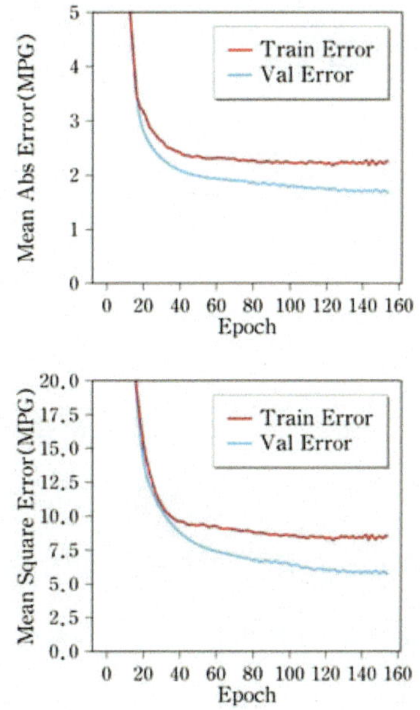

자동차연비 MFG에 대한 모형의 예측력은 MAE와 MSE 구분에서 에포크 40 ~ 60에서 거의 향상되지 않는 것으로 보입니다. 이제 우리가 생성한 모형의 학습 과정을 model.fit 메서드를 활용하여 검증 validation 효과가 더 이상 향상되지 않으면 자동으로 epoch를 멈추도록 해보겠습니다. 즉 지정한 검증 값이 향상되지 않으면 자동으로 훈련을 멈추도록 만들어 보죠. 에포크마다 훈련 상태를 점검하기 위해 EarlyStopping 콜백 callback을 사용하면, 지정된 에포크 횟수 동안 성능 향상이 없으면 자동으로 훈련 프로세스를 멈춥니다.

이때 Keras에서 활용하는 'Early Stopping'을 잠깐 설명해 드리면, 앞서 말한 대로, 너무 많은 Epoch는 overfitting을 일으키고 반대로 너무 적은 Epoch는 underfitting 과소적합을 만듭니다. 이런 상황에서 어느 정도 Epoch를 설정해야 하는지가 관건입니다. 이렇게 일단 Epoch를 많이 돌린 후, validation 검증 데이터에서 더 성능이 향상되지 않으면 조기에 Epoch를 멈추게 하는 것을 'Early stopping'이라고 합니다.

'Earlystopping' 클래스의 요소는 어떤 성능을 기준Performance measure으로 언제 멈출 것인가로 구성됩니다. 즉 기준이 되는(살펴야 하는) 값이 무언인가를 지칭해 주는 monitor는 검증데이터의 손실함수(monitor='val_loss')로 넣어 줍니다. 그러면 적절한 시점에서 훈련 데이터에 대한 epoch를 멈추어 줍니다. 한편 모형의 검증효과가 증가하지 않는다고, 바로 멈추는 것이 효과적이지 않을 수 있습니다. 이때 검증데이터의 성능이 더 증가하지 않더라도 epoch를 몇 번이나 참을(허용)지를 정해주는 것이 'patience'입니다. 우리는 patience를 10번으로 지정하고 earlystopping할 때까지 점(.)이 출력한 후, 인공신경망의 학습과정을 MAE, MSE 값을 기준으로 출력해보았습니다. 이에 대한 코딩과 결과 그래프는 아래와 같습니다.

```
model = build_model()

early_stop = keras.callbacks.EarlyStopping(monitor='val_loss', patience=10)

history = model.fit(normed_train_data, train_labels, epochs=1000,
                    validation_split = 0.2, verbose=0, callbacks=[early_stop, PrintDot()])

plot_history(history)
```

```
....................................................................................................
```

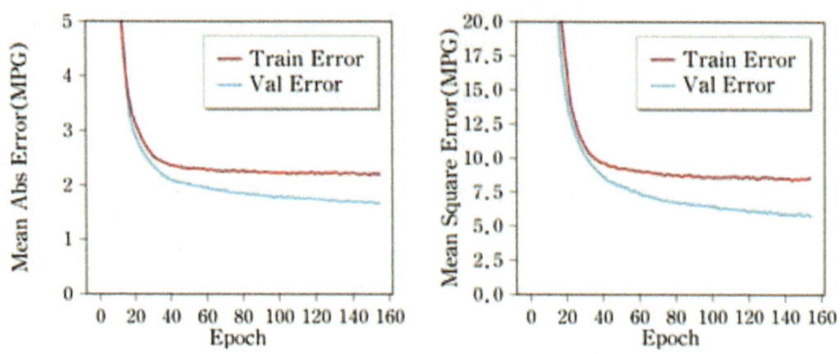

위 MAE와 MSE 함수의 그래프를 보면 자동차 연비[MPG]를 예측하는 모형은 155번째 epoch에서 더 이상 검증데이터의 성능이 개선되지 않아서 조기종료[early stopping]하였음을 알 수 있습니다. 굳이 1000번의 학습 과정이 필요 없었다는 것이지요. MAE함수의 그래프를 보면 자동차 연비[MPG]에 대한 검증데이터의 평균오차의 절댓값이 약 ±2.2정도 되는 것 같습니다

```
loss, mae, mse = model.evaluate(normed_test_data, test_labels, verbose=2)

print("테스트 세트의 평균 절대 오차: {:5.2f} MPG".format(mae))
```

테스트 세트의 평균 절대 오차: 1.84 MPG

우리가 생성한 인공신경망모형을 테스트데이터에 적용하여 자동차연비 예측오차[MAE]를 구해 봄으로써 실전에 투입할 모형의 성능을 짐작할 수 있습니다. 실제 위와 같은 코딩으로 테스트 데이터를 통해 인공신경망의 자동차 연비 예측의 오차는 1.84임을 알 수 있습니다.

학습결과 시각화

이제 마지막 단계입니다. 우리가 구성한 인공신경망모형이 테스트 데이터에서 어느 정도 예측력을 보이는지 확인해 보겠습니다. predict() 메서드는 모형의 예측결과를 확인할 수 있습니다. flatten() 함수는 입력 특성변인의 다차원을 모두 1차원으로 변화시켜줍니다. 따라서 'y_prediction = model.predict(x_test).flatten()'의 코딩 구성을 통해 인공신경망모형의 예측력을 테스트해 볼 수 있습니다. 이를 위해 실젯값과 예측값의 차이를 비교하고 오차의 분포를 확인하는 코딩과 시각화 결과는 아래와 같습니다.

```
test_predictions = model.predict(normed_test_data).flatten()

plt.scatter(test_labels, test_predictions)
plt.xlabel('True Values [MPG]')
plt.ylabel('Predictions [MPG]')
plt.axis('equal')
plt.axis('square')
plt.xlim([0,plt.xlim()[1]])
plt.ylim([0,plt.ylim()[1]])
_ = plt.plot([-100, 100], [-100, 100])
```

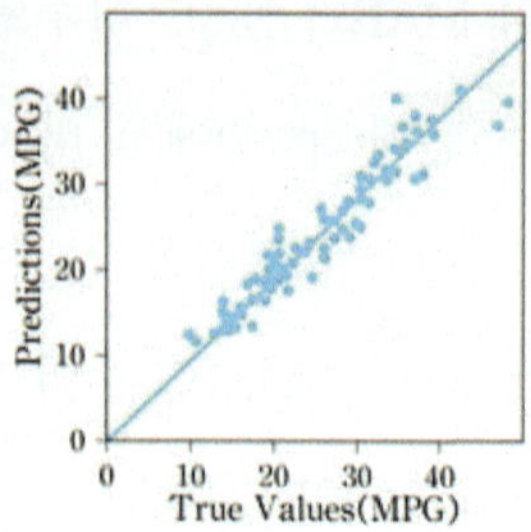


```
error = test_predictions - test_labels
plt.hist(error, bins = 13)
plt.xlabel("Prediction Error [MPG]")
_ = plt.ylabel("Count")
```

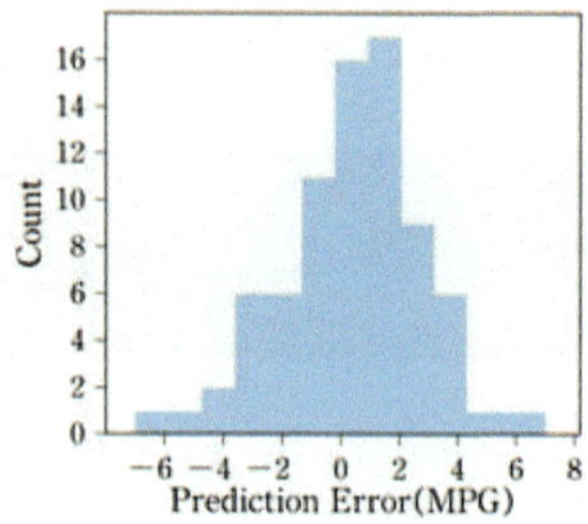

실제 자동차연비 데이터[True Value MPG]와 테스트 데이터를 가지고 인공신경망이 예측한 결괏[Prediction MPG]값이 1:1의 대각선 선형관계를 나타냄으로 모형의 예측력이 우수함을 알 수 있습니다. 또한 테스트 데이터에 대한 인공신경망의 예측값과 실젯값의 오차를 분포로 살펴본 코딩(error = test_predictions - test_labels) 결과의 오차 분포도 어느 정도 정규성을 보여주고 있어 모형의 예측력이 적절함을 알 수 있습니다.

4 CNN 구현 실습

합성곱신경망 Convolution Neural Networks을 활용한 AI의 분류 classification 모형을 생성하는 실습을 진행하겠습니다. CNN은 DNN Deep Neural Network의 한 유형으로 이미지 데이터를 처리할 때 발생하는 문제점들을 보완한 방법으로 데이터로부터 자동으로 feature를 추출하고 학습하는 알고리즘입니다. 완전연결 신경망에서 3차원 이미지데이터를 1차원으로 평면화시킬 때 발생하는 정보손실 문제를 보완하면서 우수한 딥러닝의 성과를 낼 수 있는 알고리즘입니다. CNN 실습은 흔히 사용하는 르쿤 LeCun, 1998이 만든 MNIST Modified National Institute of Standards and Technology 데이터베이스의 손글씨 데이터를 이용하겠습니다. MNIST는 사람들이 0에서 9까지 손으로 쓴 숫자들에 대한 이미지들로 구성된 데이터베이스입니다. 인공지능을 연구하는 사람들이 쉽게 CNN을 구현해 볼 수 있도록 MINIST의 숫자 이미지는 0에서 9까지의 값을 갖는 고정 크기(28 × 28 픽셀)로, 60,000개의 훈련데이터와 10,000개의 테스트 데이터로 구성해 놓았습니다.

사전 준비: 런타임환경 설정

ANN 구현과 달리 CNN 구현 실습에 있어서는 사전에 준비해야 할 것이 있습니다. 구글코랩 Google Colab에서 런타임환경 runtime environment을 변경해 주어야 합니다. 런타임은 한마디로 컴퓨터 연산을 돕는 소프트웨어를 말합니다. 앞서 ANN 구현 실습까지는 CPU를 했습니다. 이미지를 분류하는 CNN에서는 그래픽카드 메모리를 활용합니다. 그래서 하드웨어 가속기 유형을 'GPU'로 설정해 주어야 합니다. 이에 대한 변경은 아래와 같습니다.

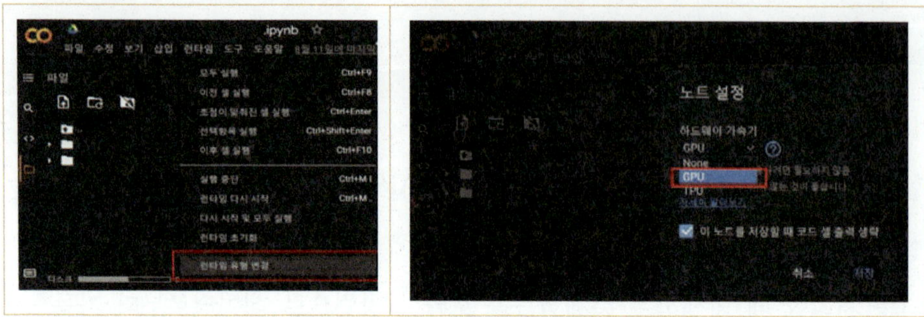

라이브러리 Import

MINIST 데이터를 통해 CNN 구현을 실행하기 위해서는 파이썬의 라이브러리들을 불러다 놓아야 합니다. keras의 datasets에서 제공하는 MINIST 데이터를 불러오고, keras.utils로부터 'one-hot encoding'이 가능한 'np_utils' 모듈, keras.models로부터 순차적인 신경망을 생성하는 Sequential() 클래스를, keras.layers에서 Dense와, Activation, Conv2D, MaxPooling2D, Flatten 클래스를 불러옵니다. 구를코랩에서 이미지를 시각화하기 위한 cv2_imshow 메소드를 호출합니다. 이외에도 numpy와 matplotlib.pyplot 라이브러리 패키지도 호출합니다. 이에 대한 코딩은 아래와 같습니다.

```
# 사용할 라이브러리/패키지/모듈/클래스 불러 오기

from keras.datasets import mnist
from keras.utils import np_utils
from keras.models import Sequential
from keras.layers import Dense, Activation
from keras.layers import Conv2D, MaxPooling2D, Flatten
from google.colab.patches import cv2_imshow
import numpy as np
import matplotlib.pyplot as plt
```

데이터 Import

keras 데이터베이스에 있는 MINIST를 load하여 데이터를 불러와 훈련-테스트 데이터로 분류합니다. load_data() 함수를 이용하여 로딩한 데이터를 (x_train, y_train), (x_test, y_test) 분류하고, 훈련[train] 데이터의 형태를 shape()함수로 첫 10개 데이터의 형태를 시각적으로 확인해 보는 코딩과 결과는 아래와 같습니다.

```
(x_train, y_train), (x_test, y_test) = mnist.load_data()

print('x_train :', np.shape(x_train))
print('y_train :', np.shape(y_train))

for i in range(10): cv2_imshow(x_test[i])
```

```
x_train : (60000, 28, 28)
y_train : (60000,)
```

위 결과와 같이 훈련데이터에 가로세로 28의 2차원 픽셀 크기를 가진 6만 개의 x_train 데이터가 있음을 알 수 있습니다. y_train 데이터 또한 6만 개입니다. 훈련데이터 중 앞부분 10개의 이미지 추출해 보면 손글씨 숫자[7, 2, 1, 0, 4, 1, 4, 9, 5, 9]를 시각적으로 확인할 수 있습니다.

데이터 전처리

다음으로는 CNN 모형에서 사용할 수 있도록 데이터 변환처리를 해주어야 합니다. 이를 위해 현재 이미지 픽셀 행렬(0~255)을 0.0~1.0 사이의 값으로 변환하여 손실함수[loss]의 스케일에 맞춰줍니다. 2차원(28×28)의 픽셀이지만 흑백 채널을 고려하여 3차원 형식으로 맞춰야 합니다(28×28×1). 이를 위한 코딩은 아래와 같습니다.

```
x_train = x_train.reshape(60000, 28, 28, 1).astype('float32') / 255.0
x_test = x_test.reshape(10000, 28, 28, 1).astype('float32') / 255.0
```

이어서 keras.utils.np_utils 패키지에 있는 to_categorical 함수를 이용하여 타겟 데이터(y: 숫자)를 One-hot 인코딩을 해줍니다. to_categorical 함수는 10진 정수 형식을 2진 형태(0과 1)로 변환해 줍니다. 예를 들어 np_utils.to_categorical(10)라고 하면 숫자 '10'을 2진 형태로 변환하는 것인데요. 결과를 보면 array([0., 0., 0., 0., 0., 0., 0., 0., 0., 0., 1.], dtype=float32)로 나옵니다. 그래서 우리가 궁극적으로 CNN을 통해 훈련해서 분류한 값이 실제 타겟(y) 숫자와 일치하는지를 보기 위해서는 총 70,000개의 실제 값을 숫자 10개의 경우의 수에 맞게 분류할 수 있도록 한 개씩 코딩되도록 해주는 것입니다. 이에 대한 코딩과 훈련데이터(y_train)의 2진 분류 여부를 확인한 결과(60000, 10)는 아래와 같습니다.

```
y_train = np_utils.to_categorical(y_train)
y_test = np_utils.to_categorical(y_test)

print('y_train :', np.shape(y_train))

y_train : (60000, 10)
```

다음으로 훈련데이터 60,000개 중 10,000개는 검증 셋트 validation Set로 분류하는 코딩을 아래와 같이 진행하여, 훈련데이터 50,000개, 검증데이터 10,000개가 제대로 분류되었는지를 아래와 같이 확인합니다.

```
x_valid = x_train[50000:]
y_valid = y_train[50000:]
x_train = x_train[:50000]
y_train = y_train[:50000]

print('x_train :', np.shape(x_train))
print('x_valid :', np.shape(x_valid))

x_train : (50000, 28, 28, 1)
x_valid : (10000, 28, 28, 1)
```

모형 구성

CNN에서 가장 중요한 모형 구성을 시작하겠습니다. 앞서 CNN은 합성곱 필터 혹은 커널 kernel을 통해서 이미지 픽셀 행렬좌표를 고려하면서 입력값의 특성을 추출하고, 풀링 pooling으로 차원을 축소하기를 필요에 따라 반복하고 마지막에는 다층퍼셉트론 multi-layer perceptron, MLP 구조를 통해 완전 연결망이 산출값을 종합하고, 이를 분류함수 softmax로 분석하면 최종 결괏값을 확률적으로 알 수 있다고 배웠습니다. 우리도 이에 맞춰 순차적 모형(squential())을 입력층→32개의 합성곱필터링(kernel size: 3×3)→활성화함수 ReLu→32개의 합성곱필터링(kernel size: 3x3)→활성화함 ReLu→최댓값 풀링(Maxpooling, 2×2) 이후에 또 32개의 합성곱필터링(kernel size: 3×3)→활성화함수 ReLu→32개의 합성곱필터링(kernel size: 3×3) →활성화함수 ReLu→최댓값 풀링(Maxpooling, 2×2) 진행한 후, 전체 픽셀 데이터를 1차원 데이터 변환 flatten시킵니다. 그러면 다층퍼셉트론에 입력한 후, 활성화함수 ReLu→분류함수 softmax를 통해 입력한 이미지를 최종적으로 분류하고자 합니다. 이에 대한 모형생성 코딩은 아래와 같으며 모델에 대한 전체적인 흐름 summary도 같이 확인할 수 있습니다.

```
width = 28
height = 28
channel = 1

model = Sequential(name='MNIST_CNN')
model.add(Conv2D(filters=32, kernel_size=(3, 3), activation='relu',
                 input_shape=(width, height, channel)))
model.add(Conv2D(filters=32, kernel_size=(3, 3), activation='relu'))

model.add(MaxPooling2D(pool_size=(2, 2)))

model.add(Conv2D(filters=64, kernel_size=(3, 3), activation='relu'))
model.add(Conv2D(filters=64, kernel_size=(3, 3), activation='relu'))

model.add(MaxPooling2D(pool_size=(2, 2)))

model.add(Flatten())

model.add(Dense(512, activation='relu'))
model.add(Dense(10, activation='softmax'))

model.summary()
```

```
Model: "MNIST_CNN"
_________________________________________________________________
Layer (type)                 Output Shape              Param #
=================================================================
conv2d_20 (Conv2D)           (None, 26, 26, 32)        320
_________________________________________________________________
conv2d_21 (Conv2D)           (None, 24, 24, 32)        9248
_________________________________________________________________
max_pooling2d_10 (MaxPooling (None, 12, 12, 32)        0
_________________________________________________________________
conv2d_22 (Conv2D)           (None, 10, 10, 64)        18496
_________________________________________________________________
conv2d_23 (Conv2D)           (None, 8, 8, 64)          36928
_________________________________________________________________
max_pooling2d_11 (MaxPooling (None, 4, 4, 64)          0
_________________________________________________________________
flatten_5 (Flatten)          (None, 1024)              0
_________________________________________________________________
dense_10 (Dense)             (None, 512)               524800
_________________________________________________________________
dense_11 (Dense)             (None, 10)                5130
=================================================================
Total params: 594,922
Trainable params: 594,922
Non-trainable params: 0
_________________________________________________________________
```

위 입력코딩과 모형를 종합해 보면 전체 모형의 매개변수 parmeter는 594,922개인데, 합성곱층을 통과한 후 다층연결망층 단계에서만 매개변수가 524,800개로 전체적인 비중을 차지하고 있음을 알 수 있습니다. 다음은 이렇게 구성한 CNN모형의 환경을 설정하고 학습을 진행하는 단계입니다.

모형 환경설정과 학습

앞서 구성한 CNN모형의 구동환경을 설정(model.compile)하기 위해서, 우리는 손실함수 loss로 'categorical_crossentropy'를 지정하였습니다. 손실함수를 계산하는 방법에는 평균제곱오차 MSE: Mean Squared error방법과 교차엔트로피오차 CEE: Cross Entropy Error법이 있습니다. MNIST 데이터를 2개 이상의 범주(1에서 10까지 숫자)로 분류해야 하므로 손실함수 계산은 'categorical_crossentropy'를 활용하고, 모형의 손실함수를 최적화는 기준은 SGD Stochastic Gradient Descent 방식의 경사하강법을 적용하였습니다. SGD는 일부 데이터를 추출해서 경사하강법을 적용하여 전체를 추론하기 때문에 메모리 사용과 연산시간이 줄어드는 장점이 있습니다. 아울러 모형의 손실함수를 통한 최적화 정도를 판단하는 기준 metrics은 정확도 accuracy로 살펴보도록 설정했습니다.

이제 모형학습(model.fit())에 대한 설정으로 훈련데이터를 가지고 학습하고 또 그 결과를 검증데이터에 비교해서 업데이트시키는 단계입니다. 훈련데이터(x_train, y_train)를 가지고 모든 매개변수의 가중치를 10번 업데이트하도록 에포크 epoch를 지정해 줍니다. 배치 사이즈 Batch size는 모형을 학습시킬 때 모든 데이터를 한꺼번에 학습하는 것이 연산시간 대비 효용성이 떨어지므로 일정한 크기의 데이터로 쪼갠 단위나 묶음을 의미합니다. 우리는 batch_size=32로 지정하고, 검증데이터(x_valid, y_valid)에 적용하여 손실함수의 정확도를 높이도록 학습시키고자 했습니다. 이에 대한 코딩과 결과는 아래와 같습니다.

```
model.compile(loss='categorical_crossentropy', optimizer='sgd', metrics=['accuracy'])

hist = model.fit(x_train, y_train,
                 epochs=10,
                 batch_size=32,
                 validation_data=(x_valid, y_valid))
```

```
Epoch 1/10
1875/1875 [==============================] - 51s 12ms/step - loss: 0.4223 - accuracy: 0.8664 - val_loss: 0.1181 - val_accuracy: 0.9633
Epoch 2/10
1875/1875 [==============================] - 21s 11ms/step - loss: 0.0904 - accuracy: 0.9722 - val_loss: 0.0839 - val_accuracy: 0.9748
Epoch 3/10
1875/1875 [==============================] - 21s 11ms/step - loss: 0.0618 - accuracy: 0.9811 - val_loss: 0.0486 - val_accuracy: 0.9862
Epoch 4/10
1875/1875 [==============================] - 21s 11ms/step - loss: 0.0481 - accuracy: 0.9850 - val_loss: 0.0372 - val_accuracy: 0.9889
Epoch 5/10
1875/1875 [==============================] - 21s 11ms/step - loss: 0.0397 - accuracy: 0.9875 - val_loss: 0.0314 - val_accuracy: 0.9905
Epoch 6/10
1875/1875 [==============================] - 21s 11ms/step - loss: 0.0324 - accuracy: 0.9897 - val_loss: 0.0262 - val_accuracy: 0.9922
Epoch 7/10
1875/1875 [==============================] - 21s 11ms/step - loss: 0.0273 - accuracy: 0.9912 - val_loss: 0.0248 - val_accuracy: 0.9929
Epoch 8/10
1875/1875 [==============================] - 21s 11ms/step - loss: 0.0238 - accuracy: 0.9926 - val_loss: 0.0164 - val_accuracy: 0.9954
Epoch 9/10
1875/1875 [==============================] - 21s 11ms/step - loss: 0.0199 - accuracy: 0.9938 - val_loss: 0.0176 - val_accuracy: 0.9946
Epoch 10/10
1875/1875 [==============================] - 21s 11ms/step - loss: 0.0165 - accuracy: 0.9950 - val_loss: 0.0119 - val_accuracy: 0.9965
```

위 Epoch(10)를 보면 훈련데이터의 손실함수의 오차는 0.019, 정확도는 0.993이며 검증데이터에서는 오차가 0.017, 정확도는 0.994입니다. 이로써 우리의

CNN모형은 일단 훈련이 잘되었음을 확인할 수 있습니다. 그러면 이러한 학습 결과를 matplotlib 라이브러리를 이용하여 시각적으로 오차와 정확도를 비교해 보겠습니다. 이와 관련한 코딩과 시각화 결과는 아래와 같습니다.

```python
plt.plot(hist.history['loss'], 'y', label='train loss')
plt.plot(hist.history['val_loss'], 'r', label='val loss')

plt.ylim([0.0, 0.6])

plt.xlabel('epoch')
plt.ylabel('loss')

plt.legend(loc='upper right')

plt.show()
```

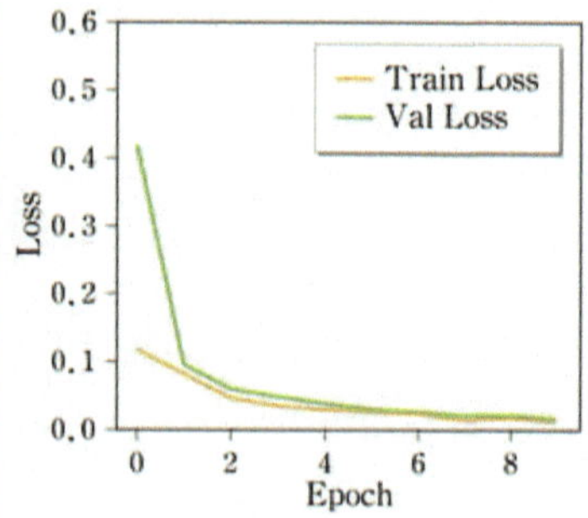


```python
plt.plot(hist.history['accuracy'], 'b', label='train accuracy')
plt.plot(hist.history['val_accuracy'], 'g', label='val accuracy')

plt.ylim([0.8, 1.0])

plt.xlabel('epoch')
plt.ylabel('accurary')

plt.legend(loc='lower right')

plt.show()
```

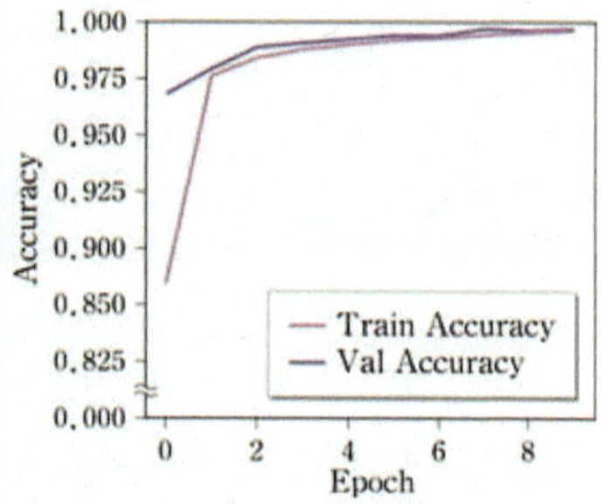

손실함수의 에러 loss 관련 그래프를 보면 훈련/검증데이터 모두에서 에포크가 늘어나면서 크게 줄어들었음을 확인할 수 있습니다. 또한 손실함수의 정확도 accuracy에 대한 시각화 그래프에서도 훈련/검증데이터 모두에서 에포크가 늘어나면서 정확도가 증가함을 확인할 수 있습니다. 이것으로 우리가 생성한 CNN 모형의 훈련검증 결과는 일단 우수하다고 유추할 수 있습니다.

모형 평가

그러면 이제 정말로 새로운 데이터에 적용해서도 동일한 성능을 보이는지를 평가[test]해 봐야 합니다. 모형에 대한 테스트를 위해 앞서 10,000개의 x_test, y_test로 분류한 데이터에 모형을 평가해 봅니다(model.evaluate). 이에 대한 코딩과 결과는 아래와 같습니다.

```
loss_and_acc = model.evaluate(x_test, y_test, batch_size=32)
print('Test: Loss and Accuracy')
print(loss_and_acc)
```

위 코딩 연산 결과를 보면 손실오차[loss] 0.032, 정확도[accuracy]는 0.989로 나타났습니다. 검증[validation] 데이터서 각각 0.017와 0.994 보다 약간 떨어졌지만, 정확도 98.9%는 매우 만족할만한 CNN모형의 성능을 자랑합니다. 이러한 CNN모형을 시험 삼아 20개 정도의 손글씨 이미지를 입력하고 출력하는 코딩과 결과는 아래와 같습니다(틀린 사례는 없네요).

```python
# 모델을 직접 써보자
# Test Set 20개를 맞춰보자
for i in range(20):

  # predict()를 통해 입력을 모델에 통과시킬 수 있다
  # output은 softmax의 출력으로 10개의 값을 갖는다
  output = model.predict(x_test[i].reshape(1,28, 28, 1))
  # predict()의 입력은 맨 앞에 차원을 하나 추가해줘야 한다

  # 이미지를 보기 위해 다시 사각형으로 만들고, 다시 255를 곱해준다
  cv2_imshow(x_test[i].reshape(28, 28) * 255)

  # argmax() 함수는 가장 최댓값을 갖는 index(번째)를 찾아준다
  print('예상 숫자 분류 :', np.argmax(output))

  # 모델의 출력과 실제 값을 비교 후 다르면 문장을 출력한다
  if np.argmax(output) != np.argmax(y_test[i]) :
    print('틀렸습니다!')
```

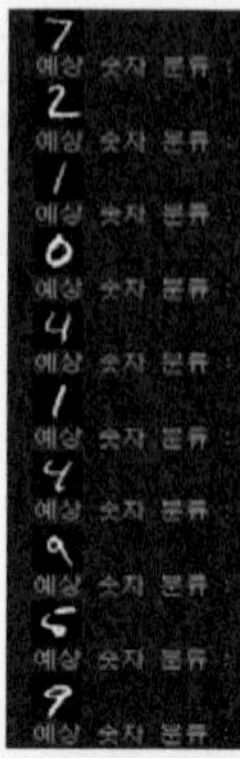

```python
from google.colab import drive
drive.mount('/gdrive', force_remount=True)

Mounted at /gdrive

[42] model.save('/gdrive/My Drive/Mnist_CNN.h5')
```

마지막으로 우리가 학습시킨 CNN모형을 여러분의 구글드라이브에 save() 함수로 저장합니다. save() 함수는 모형의 구조와 가중치를 'h5' 파일형식으로 저장합니다. 여러분이 작업한 모형 이름.h5'라는 파일이 구글 작업 디렉토리에 생성되었는지 확인보시기 바랍니다. 저장된 파일에는 모형의 구성정보, 각 연결망의 가중치, 손실함수와 최적화 학습 설정값, 그리고 재학습할 수 있는 마지막 상태로 저장되어 있습니다. 따라서 입력데이터가 추가적으로 확보되면 저장된 CNN모형을 불러와서(model=load_model('/gdrive/My Drive/ 저장한 파일명.h5') 언제든지 여러분의 CNN 모형을 통해서 원하는 분류작업을 진행할 수 있습니다.

5 RNN 구현 실습

RNN 순환신경망: Recurrent Neural Networks은 인공신경망을 통한 정보분석 과정에서 시간적 순차성을 고려하여 이전의 정보를 반복적으로 갱신하는 분석 구조를 의미합니다. 비교적 짧은 시퀀스 구조에서 효과적인 RNN을 Vanilla RNN이라고 했고, 시계열적인 데이터를 좀 더 오래 기억 Long-Term Dependency할 수 있는 RNN의 한 종류를 LSTMs Long Short Term Memory networks이라고 했습니다. 우리도 RNN 중에서 활용도가 가장 높은 LSTM을 중심으로 시계열적인 예측 time series prediction 구현 실습을 해보고자 합니다.

사전 준비: 데이터 로딩

앞선 분석과 같이 구글코랩 Colab을 구동하고 런타임 유형을 GPU로 변경해 줍니다. 1949년 1월부터 1960년 12월까지 12년 동안 매월 수집한 총 144개의 사례가 저장된 국제 여객기 탑승객 수(1,000명 단위) 데이터인 'airline-passengers.csv'를 이용하겠습니다. 이 데이터는 공개된 데이터로 구글 검색을 하면 아래와 같이 쉽게 내려받을 수 있습니다. 이렇게 내려받은 'airline-passengers.csv' 데이터를 구글코랩에 저장하고 구글 드라이브와 코랩을 마운트 mount합니다.

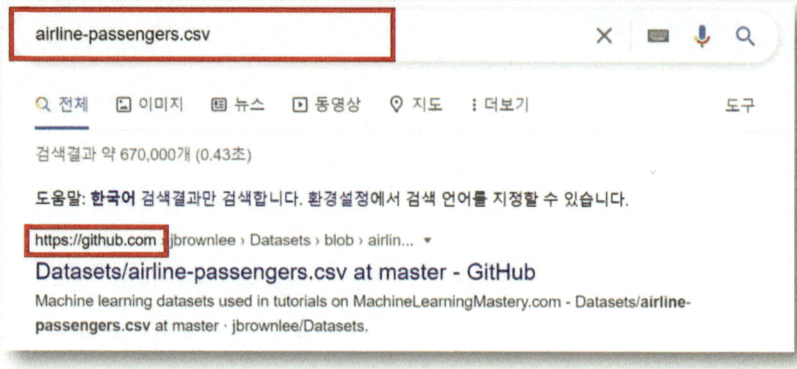

데이터를 사전에 읽어보고, 시각적으로 확인해 보겠습니다. 먼저 데이터의 입출력을 위해서 Pandas, 그래픽 시각화를 위해 matPlotLib 라이브러리를 불러옵니다. 그런 후에 구글코랩 sample_data에 저장된 airline-passengers.csv의 경로대로 데이터를 판다스로 읽고 시각적으로 살펴본 코딩입력과 결과는 아래와 같습니다.

```
#데이터 확인
import pandas
import matplotlib.pyplot as plt
dataset = pandas.read_csv('/content/sample_data/airline-passengers.csv', usecols=[1], skiprows=1, engine='python')
plt.plot(dataset)
plt.show()
```

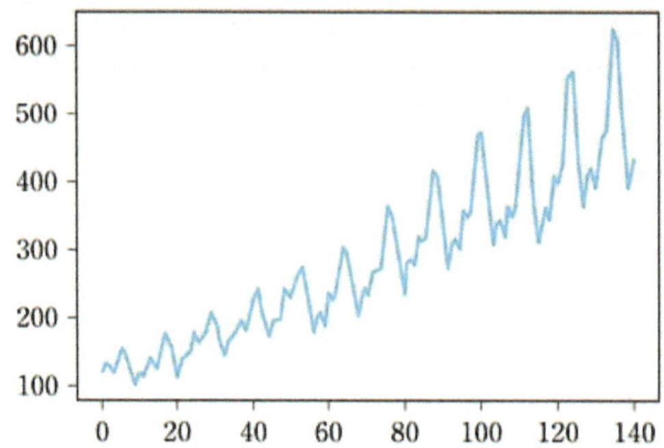

우리가 분석하고자 하는 데이터의 경로('/content/sample_data/airline-passengers.csv')에서 구분 표시인 헤더는 건너 뛰고(skiprows=1), 시계열 월별 144개의 열 데이터(usecols=[1])를 읽어서 시각화한 결과입니다. 보시는 바와 같이 1949년 1월부터 1960년 12월까지 월별 데이터의 숫자 크기 변동성이 심하지만, 시계열적으로는 상승 추세를 나타내고 있음을 알 수 있습니다.

우리가 분석하고자 하는 것은 이 데이터를 토대로 시간적인 흐름에 따라 국제여객기의 승객수를 예측해보는 데 있습니다. LSTM은 시간 경과에 따른 가중치 손실 없이 대규모의 반복적인 연결망을 심층적으로 분석하는 데 유용합니다. LSTM을 구현하기 위해서는 Keras의 Sequential, Dense, LSTM 모듈이 필요합니다. 이외에도 입출력할 데이터의 정규화[normalization]를 위한 Sklearn의 MinMaxScaler, 비용함수[cost]의 기준인 mean_squared_error를 아래와 같이 가져옵니다.

```
# 라이브러리 및 모듈 임포트
import numpy as np
import pandas as pd
import matplotlib.pyplot as plt
import math
from keras.models import Sequential
from keras.layers import Dense
from keras.layers import LSTM
from sklearn.preprocessing import MinMaxScaler
from sklearn.metrics import mean_squared_error
```

데이터 전처리

데이터 전처리를 위해 먼저 데이터 랜덤 추출을 생산적으로 할 수 있도록 기준값[random number seed]을 지정합니다. 이에서 pandas를 이용하여 데이터프레임을 읽어 드린 후, dataframe.values를 통해 데이터의 name(Month, Passenges)을 제거하고 astype('float32') 코딩으로 부동소수점 숫자 형식으로 전환합니다. 이에 대한 코딩은 아래와 같습니다.

```
np.random.seed(7)
dataframe = pd.read_csv('/content/sample_data/airline-passengers.csv', usecols=[1])
dataset = dataframe.values
dataset = dataset.astype('float32')
```

사전 데이터 시각화에서 알 수 있듯이 국제여객기의 월별 데이터의 크기는 변동성이 심합니다. 따라서 sklearn의 MinMaxScaler를 통해 데이터를 (0,1) 사이의 값으로 정규화 normaization 하고 이를 다시 평균(μ)이 '0', 표준편차(σ)가 '1'이 되도록 sklearn.preprocessing.StandardScaler에 있는 'fit_transform' 메소드를 통해서 분석하고자 하는 데이터를 표준화해 줍니다. 이에 대한 코딩 입력은 아래와 같습니다.

```
# normalize the dataset
scaler = MinMaxScaler(feature_range=(0, 1))
dataset = scaler.fit_transform(dataset)
```

우리는 총 144개의 케이스 중 69.4%인 100개를 train_size로 사용하고 나머지 44개 데이터를 테스트 데이터로 이용하겠습니다. 이에 대한 코딩과 데이터 분할을 확인한 결과는 아래와 같습니다.

```
# split into train and test sets
train_size = int(len(dataset) * 0.7)
test_size = len(dataset) - train_size
train, test = dataset[0:train_size,:], dataset[train_size:len(dataset),:]
print(len(train), len(test))

100 44
```

이제 새로운 시계열적인 특성을 갖는 데이터 행렬로 전환하는 함수를 만들어야 합니다. 두 개(dataset, look_back)의 인자 arguments를 활용하여, 현재 우리 데이터를 특정한 시점(a given time (t))의 X가 그다음 시점((t+1) Y에서 어떤 값을 갖는지를 알 수 있도록 구성해 주어야 합니다. 이전과 그다음의 시간적 간격을 'look_back'으로 지정하는데요. 우리는 1개월 단위로 살폈기 때문에 '1'을 입력합니다. 이에 대한 코딩은 아래와 같습니다.

```
# convert an array of values into a dataset matrix
def create_dataset(dataset, look_back=1):
  dataX, dataY = [], []
  for i in range(len(dataset)-look_back-1):
    a = dataset[i:(i + look_back), 0]
    dataX.append(a)
    dataY.append(dataset[i + look_back, 0])
  return np.array(dataX), np.array(dataY)
```

위 코딩을 좀 더 구체적으로 살펴보면 144개월간 수집된 데이터입니다. For반복문의 i인덱스는 0~143(144개)에 해당하죠. 마지막 데이터인 143번 데이터($t+1$)를 142번 예측(t)값으로 학습시키도록 두 개씩 대응시켜주어야 합니다. 따라서 dataset[i:i+look_back, 0]에서 입력데이터를 두 개씩 짝을 지어야 하므로 마지막은 '141:142'이어야 합니다. 왜냐하면 142:143을 짝짓고 나면 그다음 144에 해당하는 데이터 값이 없기 때문이지요.

```
look_back = 1
trainX, trainY = create_dataset(train, look_back)
testX, testY = create_dataset(test, look_back)

trainX = np.reshape(trainX, (trainX.shape[0], 1, trainX.shape[1]))
testX = np.reshape(testX, (testX.shape[0], 1, testX.shape[1]))
```

이제 데이터 행렬 변환 함수로 만든 create_dataset를 훈련과 테스트 데이트로 준비합니다. LSTM 연결망 분석을 위해서는 입력(*X*)데이터의 구조를 [samples, time steps, features] 형태로 변환해 주어야 합니다. samples는 분석 데이터의 수, time steps는 시계열적 간격(우리는 1), features는 예측하고자 하는 값을 의미합니다. 참고로 2차원인 데이터프레임에서 data.shape[0]은 행 수, .shape[1]은 열 수를 의미합니다.

모형 형성과 학습

이제 LSTM 모형을 설정하고 학습시킬 준비가 끝났습니다. 모형은 하나의 입력층(input=1)과 1개의 은닉층(4개의 LSTM 신경망 블록으로 구성), 그리고 하나의 결괏값을 예측해 주는 출력층으로 구성되었습니다. 기본적으로 LSTM 블록에서는 시그모이드 활성화함수가 적용되었고, 비용함수는 'mse', 최적화 지수는 'adam'을 반영하여 전체 데이터에 대해 100회 걸친 학습을 반복하게 하였습니다. 이에 대한 코딩은 아래와 같습니다.

```
# create and fit the LSTM network
model = Sequential()
model.add(LSTM(4, input_shape=(1, look_back)))
model.add(Dense(1))
model.compile(loss='mean_squared_error', optimizer='adam')

model.fit(trainX, trainY, epochs=100, batch_size=1, verbose=2)
tX=trainX
tY=trainY
```

위 코딩을 실행하면 100번에 걸친 모형학습(model.fit) 결과를 확인할 수 있습니다. 이제 우리는 144개월 동안 국제여객기의 탑승객 변화량을 담은 100개의 데이터를 통해서 LSTM 모형을 학습시켰습니다. 이렇게 훈련데이터를 통해 학습한 모형의 예측력을 확인해보고자 합니다. 우리의 원래 데이터는 월간 1,000명 단위의 숫자였습니다. 따라서 데이터 전처리에서 정규화(fit_transform)한 훈련과 테스트 데이터를 모두를 다시 역정규화(inverse_transform)하는 작업을 진행합니다. 모형의 예측오차를 'mean_squared_error'를 통해서 확인해 봅니다. 이에 대한 코딩은 아래와 같습니다.

```
# make predictions
trainPredict = model.predict(trainX)
testPredict = model.predict(testX)
# invert predictions
trainPredict = scaler.inverse_transform(trainPredict)
trainY = scaler.inverse_transform([trainY])
testPredict = scaler.inverse_transform(testPredict)
testY = scaler.inverse_transform([testY])
# calculate root mean squared error
trainScore = math.sqrt(mean_squared_error(trainY[0], trainPredict[:,0]))
print('Train Score: %.2f RMSE' % (trainScore))
testScore = math.sqrt(mean_squared_error(testY[0], testPredict[:,0]))
print('Test Score: %.2f RMSE' % (testScore))
```

모형의 예측오차(mean_squared_error)은 훈련데이터에서 '23.64', 테스트 데이터에서 '48.80'이 나왔습니다. RMSE score 상에는 다소 격차가 있어 보입니다.

시각화

이제 마지막으로 훈련과 테스트 데이터 셋에서 모형의 예측력을 시각화해 볼 수 있습니다. 시간적 흐름을 x축으로 전체 원 데이터의 패턴과 예측(훈련, 테스트) 결과를 비교할 수 있도록 시각화를 해야 합니다. 이를 위해서 국제여객기 탑승객 정보인 144개 원[raw] 데이터를 파란색으로 표시하고 훈련데이터의 예측값을 초록, 테스트 데이터 셋의 예측값을 빨강으로 구분합니다. 이에 대한 코딩을 아래와 같습니다.

```
# shift train predictions for plotting
trainPredictPlot = np.empty_like(dataset)
trainPredictPlot[:, :] = np.nan
trainPredictPlot[look_back:len(trainPredict)+look_back, :] = trainPredict
# shift test predictions for plotting
testPredictPlot = np.empty_like(dataset)
testPredictPlot[:, :] = np.nan
testPredictPlot[len(trainPredict)+(look_back*2)+1:len(dataset)-1, :] = testPredict
# plot baseline and predictions
plt.plot(scaler.inverse_transform(dataset))
plt.plot(trainPredictPlot)
plt.plot(testPredictPlot)
plt.show()
```

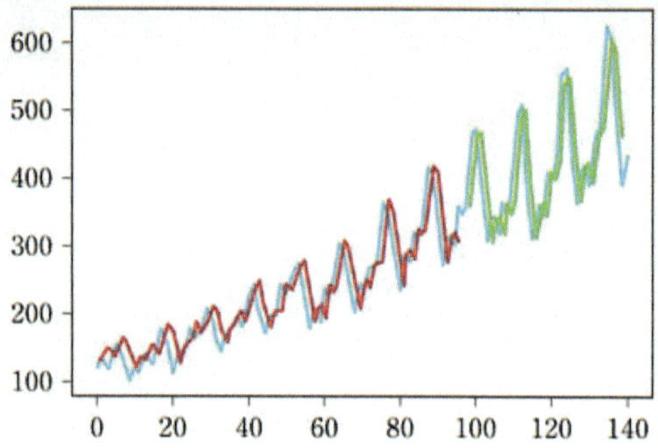

위 그래프를 보면 파란색 원데이터의 시간적 흐름에 따른 실제 여객기 승객수와 훈련 및 테스트 데이터를 통해 LSTM 모형이 예측한 결과가 매우 우수한 적합도를 보이고 있음을 확인할 수 있습니다.

인공신경망(ANN, CNN, RNN, LSTM) 구현 실습은 여기까지입니다. 우리가 예제로 살핀 사례 이외에도 너무나도 좋은 데이터가 온라인에 수없이 공개되어 있습니다. 이번 구현실습으로 터득한 절차와 지식을 바탕으로 더 많은 AI분석 사례를 자기 것으로 만들고, 다양한 실제 현상에 응용해 보기를 권합니다.

저자들은 이 자리에서 이제 더 큰 AI의 전문가의 길로 들어선 여러분 모두를 응원합니다. 여기까지 여러분 모두 수고 많으셨습니다. 여기가 이 책의 마지막이지만 여러분의 AI 입문은 지금부터 시작입니다.

감사합니다.

참고문헌

감동근 (2016). 바둑으로 읽는 인공지능. 서울: 동아시아

권건우 (2020). 야사와 만화로 배우는 인공지능 1, 2. 서울: 루나파인북스

김광호 외 (2020). AI 시대의 미디어. 파주: 북스타

김진형 (2020). CES2020에서 보는 인공지능의 추세. 한국통신학회지(정보와통신), 37(2), 40-44

방송통신위원회 (2019). 2019 방송매체 이용행태조사. URL:http://reurl.kr/4B1D8274UY

사이토 코기 (2017). 밑바닥부터 시작하는 딥러닝(개앞맵시(이복연) 역). 서울: 한빛미디어

아즈마 유키나가 (2020). 처음 만나는 AI 수학 파이선(유세라 역). 서울: 영진닷컴

안명옥 (2021). AI 융합・확산을 위한 선결 과제와 대응방안. AI Trend Watch 2021-1호.

이희준・조창환・이소윤・길영환 (2019). 인공지능 스피커(AI 스피커)에 대한 사용자 인식과 이용 동기 요인 연구. <한국콘텐츠학회 논문지>, 19권 3호, 138-154.

임종수・신민주・문훈복・윤주미・정태영・이연주・유승현 (2017). AI 로봇 의인화 연구: '알파고' 보도의 의미네트워크분석. <한국언론학보>, 61권 4호, 111-142

임종수, 최진호, 이혜민. (2020). AI 미디어와 의인화 : AI 음성 대화형 에이전트의 의인화 평가척도 개발 연구. 한국언론학보, 64(4), 436-470.

정두희(2020). 3년후 AI 초격차 시대가 온다. 서울: 청람출판

정병희 (2020). 신뢰할 수 있는 방송・미디어와 AI. 방송과 미디어, 25(1), 42-48

채진석 (2021). 파이선을 이용한 데이터분석의 정석. 부천: 루비페이퍼

Andrew. N. (February 20, 2019). "Announcing Nova Ng, our first daughter. Plus, some thoughts on the AI-powered world she will grow up in..." @AndrewYNg. Retrieved March 7, 2021.

Behnke, S. (2003). Hierarchical Neural Networks for Image Interpretation. Springer-VerlagBerlin, Heidelberg

Yan, Chao & Zhang, Bailing & Coenen, Frans. (2015). Driving posture recognition by convolutional neural networks. 10.1109/ICNC.2015.7378072.

Domingos, P. (2016). Machine Learning and the Master Algorithm. @ The Library of Economics and Liberty. Retrieved March 7, 2021.

Falcon. W. (2018). Chief AI Officer - 7 Reasons Why Your Company Needs One. Forbes(july 30)

Hochreiter, S., & Schmidhuber, J. (1997). Long short-term memory. Neural Computation, 9(8), 1735–1780. https://doi.org/10.1162/neco.1997.9.8.1735

Hubel, D. H., & Wiesel, T. N. (1962). Receptive fields, binocular interaction and functional architecture in the cat's visual cortex. The Journal of physiology, 160(1), 106–154. https://doi.org/10.1113/jphysiol.1962.sp006837

Ki, C. W. C., Cho, E., & Lee, J. E. (2020). Can an intelligent personal assistant (IPA) be your friend? Para-friendship development mechanism between IPAs and their users. Computers in Human Behavior, 111, 106412.

Krizhevsky, Alex & Sutskever, Ilya & Hinton, Geoffrey. (2012). ImageNet Classification with Deep Convolutional Neural Networks. Neural Information Processing Systems. 25.10.1145/3065386.

Fukushima, K. (1980). Neocognitron: A self-organizing neural network model for a mechanism of pattern recognition unaffected by shift in position. Biol. Cybernetics 36, 193–202.

LGCNS(2019). 소셜 로봇의 미래는. IT Insight(2019. 12. 09)

Li, Fei-Fei, Justin Johnson, and Serena Yeung. 2017. Lecture 10: Recurrent neural networks. http://cs231n.stanford.edu/slides/2017/cs231n_2017_lecture10.pdf.

Li, J., Deng, L., Gong, Y., & Haeb-Umbach, R. (2014). An overview of noise-robust automatic speech recognition. IEEE/ACM Transactions on Audio, Speech, and Language Processing, 22(4), 745-777.

LeCun, Y. et al. (1989). Backpropagation Applied to Handwritten Zip Code Recognition. in Neural Computation, vol. 1, no. 4, pp. 541-551.

LeCun, Y., Bottou, L., Bengio, Y., & Haffner, P. (1998). Gradient-based learning applied to document recognition. in Proceedings of the IEEE, vol. 86, no. 11, pp. 2278-2324.

Mnih, V., Kavukcuoglu, K., Silver, D., Graves, A., Antonoglou, I., Wierstra, D., & Riedmiller, M. (2013). Playing atari with deep reinforcement learning. arXiv preprint arXiv:1312.5602.

Purington, A., Taft, J. G., Sannon, S., Bazarova, N., & Taylor, S. H. (2017). "Alexa is my new BFF": Social roles, user satisfaction, and personification of the Amazon Echo. Proceedingsof the 2017 CHI Conference Extended Abstracts on Human Factors.

Rashid, T. (2016). Make Your Own Neural Network CreateSpace Independent Publishing Platform

Silver, D., Huang, A., Maddison, C. et al. Mastering the game of Go with deep neural networks and tree search. Nature 529, 484–489 (2016). https://doi.org/10.1038/nature16961

Simard, P., Steinkraus, D., & Platt, J.C. (2003). Best practices for convolutional neural networks applied to visual document analysis. Seventh International Conference on Document Analysis and Recognition, 2003. Proceedings., 958-963.

TechCrunch(2020). Facilitating Human-Robot Interaction | TC Sessions: Robotics + AI 2020

Technavio. (2019). Global Artificial Intelligence (AI) Market 2019-2023. Retrieved from https://www.technavio.com/report/global-artificial-intelligence-ai-market- industry-analysis

Wikipedia(2021). 합성곱. https://ko.wikipedia.org/wiki/합성곱

찾아보기